JN356325

음식고전 시리즈

飮食節造

음식절조

일러두기

- 이 책의 구성은 책에 대한 이해, 조리법별 편역, 원문 영인으로 되어 있습니다.
- 책 띠지의 안쪽 면에 고조리서의 연대를 알 수 있는 '연대별 고조리서 정리' 표를 넣었습니다
- 책의 가독성을 높이기 위해 원본의 한문음을 한글로 썼으며, 해석이 어려운 글은 각주를 달아 설명해두었습니다.
- 편역 목차는 조리법별로 음식을 소개하였으므로 원문의 순서를 따르지 않은 것도 있습니다.
- 편역은 원문을 대조하며 볼 수 있도록 가능한 한 같은 면에 원문의 사진 이미지를 넣었으며, 정황상 그렇지 않은 부분도 있습니다.
- 각 조리법별 시작 부분에는 한국의 옛 부엌살림이나 기명의 이미지를 넣어 한국의 식문화를 느낄 수 있도록 하였습니다.
- 원문 글의 이해를 돕기 위해, 원문에서 빠졌을 것으로 추정되는 내용은 괄호로 처리해 넣었습니다.
- 「음식절조」의 책 소개, 구성과 내용 등에 관해 정리한 앞부분은 2021년 「한국식생활문화학회지」에 실린 '「음식절조」를 통해 본 조선시대 후기의 음식문화에 대한 고찰'의 내용 일부를 요약했습니다.

음식고전 시리즈

飮食節造

음식절조

편역_한복려, 김귀영, 박록담

서일당

***

서문

몇 해 전에 안동 고성 이씨(固城 李氏) 임청각(臨淸閣) 후예인 이재업(李在業)이 소장하고 있던 선대 간서공(澗西公) 이정룡(李庭龍, 1798~1871)의 책고리에서 우연히 발견한 「음식절조(飮食節造)」라는 책을 세상에 알렸습니다. 음식문화를 공부하고 연구하는 사람으로서는 너무나 반갑고 고마운 소식이었습니다. 특히 많은 고조리서가 발견된 안동 지역에서 나온 책인 만큼 더욱 큰 흥미와 관심을 가지게 되었습니다. '飮食節造'라는 표제는 국내 고조리서에서는 처음 나타난 표제로서, 단순한 음식 조리법이라기보다 '가문에서 내려오는 음식을 절도 있게 만드는 법'을 정성을 다해 적은 책이라는 뜻을 지녔습니다. 그런 이유로 안동 고성(固城) 이씨(李氏) 가문의 음식 조리법에도 큰 관심을 갖게 되었습니다.

궁중음식문화재단에서는 그동안 많은 고조리서를 현대어로 번역하고 조리법을 분석해 전통 음식문화를 연구하는 일에 도움이 되고자 책으로 출간해 알리는 일을 계속해왔으며, 대표 도서로는 「다시 보고 배우는 산가요록(山家要錄)」, 「다시 보고 배우는 음식디미방」 등이 있습니다. 이런 과정에서 지금까지 알려진 조선시대 초기의 고조리서 중에는 봉제사 접빈객을 위한 술과 음식의 내용을 남성들이 한자로 저술한 기록들이 다수 남아 있으며, 한편으로 조선시대 중기 이후 음식 조리를 직접 담당하는 여성이 가문의 음식법을 기록으로 남겨 후손에게 전하고자 저술한 한글 조리서도 전해져 왔습니다. 그런데 「음식절조」는 남성 유학자가 집필한 한글 필사체의 고조리서로, 이 집안 내림음식의 조리법을 후대에 남기고자 정리하여 기록한 책으로 그 내용에 더욱 귀중한 가치를 느낄 수 있었습니다.

「음식절조」의 내용을 살펴보면 1800년대 남성 저자가 기록한 조리서로서 음식명과 재료, 단위 등을 한자로 표기한 부분이 많으며, 한문체의 한글 표기법 또한 많이 등장함을 알 수 있습니다. 소개한 음식 조리법은 총 46종으로 한과류, 떡류, 연병류, 찬물류, 김치류, 장, 초 등을 다양하게 기록하고 있으나 음식법에서 고추를 사용한 음식은 없습니다. 이것은 당시의 음식법을 기록하기보다는 선대부터 전승되어온 가문의 독특한 음식법을 기록하여 전하는 데 목적이 있었을 것으로 생각하며, 그런 이유로 1800년대 이전의 음식법을 알 수 있는 조리서로서의 가치가 크다고 할 수 있습니다.

조선시대 음식 조리서에서 가장 많이 소개된 것은 술빚기입니다. 이는 접빈객 봉제사를 중하게 여긴 조선의 유교적 사회 분위기로 집집마다 가문의 술인 가양주가 발달하였고, 여성의 주요 임무 중 하나가 술 빚는 일이었기 때문일 것입니다. 「음식절조」 역시 소개한 술의 종류가 총 21종류이고 29주방문이 기록되어 있어 주방문이 많은 분량을 차지합니다. 또한 수록된 주품명과 주방문의 내용을 분석한 결과 철저하게 독특한 가문 비법의 주방문을 기록한 것임을 알 수 있습니다.

안동 고성 이씨 간서가에 전해 내려오는 이야기에 따르면 저자 간서공 이정룡의 조부이신 북정공(北亭公, 李宗周, 1753~1818)께서 음식에 관심이 많았고, 조모인 전주 류씨(全州 柳氏) 부인이 음식에 조예가 깊었다고 합니다. 그러하니 간서공이 어릴 때부터 먹어왔던 가문의 음식에 깃들여진 음식법과 음식문화를 「음식절조」를 통해 전하고자 한 깊은 뜻을 짐작할 수 있습니다. 특히 간서공께서 부인이 만들어준 국수를 먹고 화답한 시 '국수를 먹다(喫麵)'가 바로 이러한 정서와 문화적 감수성을 표현한 것이 아닌가 생각합니다. 후손인 소장자 이재업 선생님과 가문에서 이런 귀한 책을 흔쾌히 내어놓고 세상에 알리고자 함에 경의를 표합니다.

이번에 출간하는 편역서 「음식절조」는 원문을 그대로 영인하여 실었으며, 원문의 내용을 알기 쉽게 표기하고 현대어로 번역하면서 이에 대한 주석을 붙이고 해석하였습니다. 앞부분의 '음식절조의 내용과 의미'는 한국식생활문화학회지에 실린 '「음식절조」를 통해 본 조선시대 후기의 음식문화에 대한 고찰'의 내용을 일부 요약해 실었음을 밝히는 바입니다. 아무쪼록 이 책이 1800년대의 안동 지역뿐 아니라 우리나라 반가 음식문화를 알아보는 귀한 자료로 활용되기를 기대합니다.

2021년 5월

공동 편역자

한복려, 김귀영, 박록담

목차

***

1800년대 조리서 「음식절조(飮食節造)」

I. 「음식절조」는 어떤 책인가?

1. 저자와 집필 시기가 확실한 「음식절조」

「음식절조」는 안동 고성 이씨(固城李氏) 임청각(臨淸閣) 후예, 간서 문중 이재업(李在業)이 소장하고 있던 선대 간서공(澗西公) 이정룡(李庭龍, 1798-1871)의 책 고리에서 나온 고조리서다. 한글 고어체로 정사(淨寫)되었고 가로 8.5cm×세로 12cm의 손바닥만 한 크기로 휴대하기 편리하도록 만들어진 수진본(袖珍本)이다. 간서공의 조부인 북정공(北亭公) 이종주(李宗周, 1753-1818)가 음식에 관심이 많았고 조모인 전주 류씨(柳氏) 부인이 음식에 조예가 깊었다고 전해오고 있으니, 이 책은 간서공 이정룡이 선대로부터 내려오던 음식 조리법을 후대에 전하고자 정리한 책으로 볼 수 있겠다.

책 표지에는 '飮食節造 歲在 靑牛 閏 五月⁺⁺五日(음식절조 세재 청우 윤 오월이십오일)'이라고 쓰여 있다. 표지 서명인 '飮食節造'가 한자로 표기되어 있고, 내용은 '음식절조 단'이란 권두 서명으로 시작하며 끝에는 '음식절조 종'이란 권미 서명을 기록하고 있다. '음식절조(飮食節造)'라는 표제는 고조리서에는 처음 나타나는 표제로 단순히 음식조리법이라기보다 '가문에서 내려오는 음식을 절도 있게 만드는 법'을 정성을 다해 적은 책이라는 뜻으로 보아야겠다. 歲在(세재) 靑牛(청우) 閏(윤)五月⁺⁺五日(5월 25일)이라는 기록 연도 표시는 여느 조리서와는 달리 갑자와 오행의 표시로 나타냈다. '靑(청)'은 푸른 소를 나타내는 육십갑자의 '乙(을)'에 해당하며, '牛(우)'는 곧 십이지의 '丑年(축년)'을 의미하므로 '乙丑年(을축년)'을 나타낸다. 靑牛(청우)는 1805년, 1865년이 있는데, 閏 五月이 들어가는 해는 1865년으로 본다.

「음식절조」에는 '綠豆作麴法', '大藥果', '軟藥果', '荏子鯿' 등의 음식명과 '清油', '眞油', '鷄卵', '眞末', '熱水' 등 재료명 그리고 '一斗', '二升', '五合' 등 단위를 한자로 표기한 부분이 많다. 또한 '달걀', '청유', '진말', '청', '숙수', '열수', '백자', '임자' 등과 같이 한문체의 한글 표기법도 많이 등장한다. 한편으로 1800년대 중반의 조리서로 고추를 사용한 음식이 수록되어 있지 않은 점이 특이하다. 이는 한문체에 익숙한 남성이 선대로부터 전해 내려온 음식을 집안 여성들이 읽기 쉽게 한글로 기록한 의도를 알 수 있다.

이렇듯 기록 연월일과 팔자, 저술 목적을 정확하게 알 수 있는 조리서는 매우 드문 만큼, 「음식절조」는 1800년대 중반 안동 지역 반가의 전통음식을 알 수 있는 귀중한 책이다.

2. 「음식절조」의 구성

「음식절조」에 수록된 조리법의 차례는 綠豆作麴法, 과ᄌᆞᆯ법, 大藥果, 듕계, 軟藥果, 듁절과, 잉도편, 경단, 샤숨편, 荏子鯿, 산약편, 모밀연병, 밀곳갈연병, 붕어찜, 뎌육황육가리찜, ᄒᆡ숨찜, 동화느름, 양연, 양젼유ᄋᆞ, 간젼유ᄋᆞ, 족편, 뎌편, 토란편, 뎌육탕, 게탕, 굴탕, 칠계탕, 무로기탕, 간막이탕, 머리골젹, 동화션, 비ᄎᆞ션, 잡치, ᄀᆞᆺ금먹ᄂᆞᆫ굴침치, 싱티침치, 겨올의쓰ᄂᆞᆫ물외침치, 과동ᄂᆞᆫ외침치, 즉금쓰ᄂᆞᆫ외침치, 겨울의쓰ᄂᆞᆫ가지팀채, 청쟝, 즙장, 대초초, 조청, 쑬민드ᄂᆞᆫ법, 션디찜, 빅일쥬, 소곡쥬별법. (소곡쥬)녯법, 청명쥬. (청명쥬)ᄯᅩᄒᆞᆫ법, 하일쥬, 묽은벽향쥬. 된벽향쥬, 향온쥬. (향온쥬)ᄯᅩᄒᆞᆫ법, 옥지쥬, 니화법. 이월니화쥬. 둔니화쥬, 과하쥬. (과하쥬)ᄯᅩᄒᆞᆫ법, ᄉᆞ시쥬, 삼ᄒᆡ쥬, 하양쥬, 별향쥬, 감쥬, 하쥬, 합쥬, 보리청쥬. (이화국)보리청쥬, 녹두누록으로술빗ᄂᆞᆫ법, 디쥬, 호산츈, ᄌᆞ하쥬, 강뎡, 초법 등이 기록되어 있다.

「음식절조」에 수록된 조리법의 항목은 총 75종이다. 이 중 음식법은 총 46종으로 한과류가 10종, 떡류가 4종, 연병류가 3종, 찬물류가 19종, 김치류가 6종, 장이 2종, 초가 2종이다. 또한 술의 종류는 총 21종류이며 29가지 주방문이 기록되어 있다. 이를 조리법별로 분류하여 [표 1], [표 2]와 같이 정리했다.

표 1 「음식절조」의 음식법

분류	종류
한과 (10)	과줄법, 대약과, 중계, 연약과, 죽절과, 앵도편, 임자편, 강정, 조청, 꿀 만드는 법
떡 (4)	경단, 사삼편, 산약편, 토란편
연병 (3)	메밀전병, 밀고깔연병, 양연
찬물 (19)	붕어찜, 제육황육가리찜, 해삼찜, 선지찜, 동아느름, 양전유어, 간전유어, 족편, 저편, 제육탕, 게탕, 굴탕, 칠계탕, 무로기탕, 간막이탕, 머리골적, 동아선, 배추선, 잡채
김치 (6)	가끔 먹는 굴침채, 생치침채, 겨울에 쓰는 물외침채, 과동하는 외침채, 금방 쓰는 외침채, 겨울에 쓰는 가지침채
장 (2)	청장, 즙장
초 (2)	대초초, 초법

표 2 「음식절조」의 주방문

분류	종류
순곡주 (22)	이화주법, 이월이화주, 단이화주, 감주, 하주, 합주, 지주, 소곡주 소곡주옛법, 청명주1, 청명주2, 하일주, 향온주 1, 향온주 2, 사시주, 하향주, 백일주, 묽은 벽향주, 된벽향주, 삼해주, 별향주, 호산춘
혼양주 (3)	과하주1, 과하주2, 자하주
잡곡주 (2)	보리청주, (이화국)보리청주
약용약주 (1)	옥지주
기타 (1)	녹두누룩으로 술 빚는 법

Ⅱ. 「음식절조」의 내용

1. 음식법

1) 한과류

「음식절조」에 수록된 한과류의 조리법은 총 10종이다. 그중 약과류가 5종으로 과줄법, 대약과, 중계, 연약과, 죽절과가 있다. 그리고 과편은 앵두편, 엿강정은 임자편(荏子鯿), 그 외 강정, 조청과 꿀 만드는 법이 있다. 이것을 [표 3]과 같이 정리했다.

표 3 「음식절조」의 한과

	음식명	재료
약과	과줄법	밀가루 1말[1], 꿀 2되[2], 기름 7홉[3], 지지는 기름 2되, 즙청 2되
	연약과	밀가루 1말, 꿀 1되 2홉, 참기름 7홉, 즙청, 후춧가루, 잣
	대약과	밀가루 5말, 꿀 1말, 흑탕 5되, 기름 1말 반
	중계	밀가루 1말, 꿀 2되, 뜨거운 물 3홉, 지지는 기름 2되
	죽절과	밀가루 5되, 꿀 5홉, 뜨거운 물 1종자
과편	앵도편	앵도 1말, 꿀 3되
엿강정	임자편	흰깨, 꿀
강정	강정	찹쌀 5되, 약주 1복자, 소주, 밀가루, 참기름
기타	조청	찰기장 1말, 엿기름가루 3홉, 누룩 2홉
	꿀 만드는 법	찹쌀(찰기장) 1말, 엿기름가루 1되, 정화수 6되, 대추

1) 1말=18L, 2) 1되=1.8L, 3) 1홉=180mL

(1) 약과

음식명을 '과줄법'이라 적고 내용은 연약과의 재료를 소개했다. 밀가루 1말에 꿀 2되, 기름 7홉을 넣어 반죽하고, 지지는 기름은 2되, 즙청(汁淸)은

2되가 필요하다고 재료만 밝혔다. 또 제목이 한자로 쓰인 '연약과'는 밀가루 1말, 꿀 1되 2홉, 참기름 7홉을 넣어 반죽을 되게 하고 단단히 민다. 불을 너무 싸게도 말고 뜨게도 말고 알맞게 지져내 즙청을 먹인 후 식거든 펴 놓고 즙청을 묻혀 바르고 후춧가루와 잣을 가루 내어 뿌린다. 잘되고 못되기는 반죽과 지지기에 있다고 강조하였고 앞의 과줄법의 연약과보다 꿀의 양이 조금 적고 만드는 법을 분량과 조리법, 주의점 등을 자세히 적었다.

'대약과'의 내용은 밀가루 5말에 꿀 1말, 흑탕 5되, 기름 1말 반이 든다고 재료만 밝혔다. 「음식절조」의 약과 재료에는 요즘의 일반적인 약과 반죽에 들어가는 술을 사용하지 않았다. 약과 반죽에 술을 첨가함으로써 고루 부풀어 균열 없이 반들반들한 모양을 만들 수 있으며, 1800년대 조리서인 「규합총서(閨閤叢書)」와 「시의전서(是議全書)」의 약과 재료에는 술을 첨가하였다.

'중계'는 박계(朴桂)의 일종으로 밀가루에 참기름과 꿀을 넣고 반죽하여 직사각형으로 큼직하게 썰어 기름에 지지는 유밀과의 일종이다. 크기에 따라 대박계, 중박계, 소박계라 부르며, 중박계를 중계라고도 부른다. 「음식절조」에서 중계는 제목 없이 내용만 적혀 있다. 밀가루 1말에 꿀 2되와 뜨거운 물 3홉을 섞어 반죽하여 기름에 지진다. 반죽에 기름을 쓰지 않고 뜨거운 물을 쓴 점이 특이하다. 1900년대의 조리서인 「조선무쌍신식요리제법(朝鮮無雙新式料理製法)」과 「이조궁정요리통고(李朝宮廷料理通考)」의 중박계는 반만 익혀 즙청하지 않고 고임상에 높이 괴었다가 먹을 때 다시 지져 먹는다고 기록되어 있다.

'죽절과'는 밀가루 5되에 청밀 5홉과 뜨거운 물 1종자를 반죽하여 전대처럼 띠를 만들어 쉽게 꺾어지면 꿀이 많음이요, 질기면 물이 많은 것이니, 이로 짐작하여 알맞게 반죽하여 얇게 밀어 정히 베어 노릇노릇하게 지진 다음 곧은 나무 안반에 식지를 펴고 모양을 잡으라고 하였다. 여기서는 즙청하는 법에 대한 설명은 없다.

(2) 과편

과편류는 오미자, 앵두, 모과, 산사 등의 달고 신맛이 나는 과일을 찌거나 삶아 체에 밭쳐 녹말과 꿀을 넣어 되직하게 조린 후 굳혀 썬 음식이다. 과일의 이름을 붙여 오미자편, 모과편, 앵두편, 산사편, 복분자편으로 부른다. 이 책의 '앵두편'은 앵두를 삶아 체에 밭쳐 앵두 1말에 청밀 3되를 한데 끓여 갓풀같이 끈적하거든 식힌 후 흰 보자기에 바둑 알같이 떠놓아 쓰라고 하며, 녹말과 우뭇가사리를 쓰지 않고 대신 꿀의 양을 많이 사용하였다. 또 졸인 후 그릇에 쏟아 식혀 굳히는 일반적인 방법이 아닌, 흰 보자기에 바둑 알 크기로 떠놓아 굳혀 쓰는 법을 소개하고 있다. 이렇게 만든 앵두편의 질감은 과편보다는 쫄깃한 요즘의 잼과 엿의 중간 질감일 것으로 짐작한다. 「규합총서」의 앵두편은 앵두를 쪄내어 체에 걸러 꿀을 타 졸이다가 녹말을 조금 타 익게 졸여 내고, 사기그릇에 어린 후 베어 쓰는 일반적인 방법을 소개했다. 한편 「음식디미방」의 앵두편법은 반숙한 앵두의 씨를 발라 잠깐 데쳐서 체에 걸러 꿀을 붓고 졸여 엉기면 베어 쓰는 법이다. 이것은 녹말을 넣지 않고 꿀을 많이 넣어 엉기게 하는 것으로 「음식절조」와 비슷한 방법을 소개하고 있다.

(3) 엿강정

'임자편'은 흰 깨를 실하여 볶아 식혀 청밀을 되게 달여 고루고루 섞어 박산단에 박아 베어 쓰는 깨엿강정이다.

(4) 강정

좋은 찹쌀을 정히 가려 많이 씻어 5되를 술 1복자 섞은 물에 담근다. 바쁘면 5~6일도 좋고, 혹은 14일을 두어도 괜찮다. 바람이 들지 않게 가루로 찧어 소주에 반죽하여 눅눅하게 쪄서 많이 쳐서 썰어 자주 뒤집어 잘 말린다. 찹쌀가루와 밀가루에 묻어두어 누긋누긋해지거든 참기름에 담갔다가 또 다시 따뜻한 기름에 담가 눅눅하게 한다. 솥뚜껑에서 지지는데 반쯤 불어나거든 불을 세게 하여 고루 저으면 잘 일어 빛도 곱고 좋다. 술이 매워야 크게 부풀어난다고 하는 일반적인 강정 바탕을 만드는 법을 소개하였고, 옷을 입히는 법은 기록하지 않았다.

(5) 기타

'조청'은 우선 찰기장쌀 1말을 쪄 엿기름가루 3홉과 누룩가루 2홉을 섞은 다음 항아리에 담아 따뜻한 아랫목에서 삭힌다. 이것을 뭉근한 불로 달여 숟가락으로 떠 찬물에 드리워 가라앉으면 즉시 퍼낸다는 스푼법을 소개하였다. 엿 만드는 곡물로 찰기장을 사용했으며, 당화제로 엿기름가루뿐 아니라 누룩가루도 첨가하여 당화력을 높였다. 조청을 버드나무로 저으면 백청이 되고, 물푸레나무로 저으면 황청이 된다는 특이한 말을 덧붙였다.

'꿀 만드논 법'은 찹쌀이나 찰기장쌀 1말을 쪄 더운 김에 엿기름가루 1되와 정화수 6되에 고루 섞은 후 사기 항아리에 넣는다. 더운 방에 두되 겨울이면 초혼(初昏, 해 질 녘)으로 닭 울 때까지 두고, 여름이면 초혼으로 평명(平明, 해 뜰 때)까지 두었다가 가는 베자루에 짜서 사기병에 넣는다. 또한 좋은 대추는 씨를 발라 버리고 물 5홉을 넣어 솥에 중탕한다. 대추가 뭉개어지면 앞의 병에 넣어 유지로 부리를 단단히 싸매고 사기로 위를 덮어 땅에 깊이 묻는다. 30일 지난 후에 꺼내면 꿀이 된다고 조청을 만들어 대추고를 넣어 꿀맛이 나도록 숙성시키는 법을 소개하고 있다.

2) 떡류

「음식절조」에 수록된 떡류는 경단, 사삼편, 산약편, 토란편이 있다. 일반적인 곡물 떡보다 뿌리녹말을 이용한 떡을 많이 소개하고 있으며, 이는 지역 특산물을 이용한 가문의 특별한 음식을 기록한 것으로 볼 수 있겠다. 이것을 [표 4]와 같이 정리하였다.

표 4 「음식절조」의 떡

음식명	재료
경단	팥, 기름, 찹쌀가루, 꿀
사삼편	더덕, 찹쌀가루, 꿀, 기름
산약편	마, 찹쌀가루, 꿀, 기름, 꿀, 후춧가루, 잣
토란편	토란, 꿀, 밤

'경단'은 찹쌀가루를 끓는 물로 익반죽하고 빚어 삶아내어 식기 전에 꿀을 묻힌 다음 팥고물을 묻힌다. 경단 고물은 붉은 팥을 무르게 삶아 물기를 빼고 보자기에 싸서 꼭 짠 후 기름에 볶아 만든다고 붉은팥 고물 찹쌀경단 만드는 법을 자세히 기록하였다.

'사삼편'은 더덕가루를 찹쌀가루와 동량으로 섞어 꿀에 반죽하여 산승을 만들어 기름에 지져 뜨거울 때 꿀을 묻혀 쓴다고 한다.

'산약편'은 마가루를 찹쌀가루와 동량으로 섞어 꿀로 반죽해 절편처럼 만들어 기름에 지진 후 꿀을 묻혀 후춧가루와 잣가루를 묻힌 떡으로 소개하고 있다. 특이하게 고물에 후춧가루를 섞었다. 사삼편과 산약편에서는 더덕과 마를 얇게 저며 말리어 고운 가루를로 만들어 종이 봉지에 보관하였다 사용하는 법을 소개하고 있다.

'토란편'은 토란을 거피하여 시루에 무르게 쪄서 절구에 오래 찧으면 차진다. 이것을 손끝에 꿀을 묻혀가며 밤소를 넣고 단자만큼 빚어 꿀을 묻힌 후 밤가루를 무치는 토란밤소 단자이다.

3) 연병류

연병(連餠)은 얇게 부친 전병에 깨나 팥을 달게 하여 소를 넣거나 각색 나물을 넣어 돌돌 말아서 먹는 음식으로 밀쌈이라고도 한다. 「음식절조」에 수록된 연병류는 메밀연병, 밀고깔연병, 양연이 있다. 이것을 [표 5]와 같이 정리하였다.

표 5 「음식절조」의 연병

음식명	재료
메밀연병	메밀, 기름, 팥, 계핏가루
밀고깔연병	밀가루, 달걀, 꿩고기나 돼지고기, 생강, 파, 잣, 후춧가루
양연	소의 양, 녹말, 생치, 황육, 제육, 초간장

'메밀연병'은 메밀전병에 속을 넣은 음식이고, '밀고깔연병'은 밀전병에 소를 넣었고, '양연'은 소의 위인 양을 만두피와 같이 만들어 소를 넣었다. '메밀연병'은 좋은 메밀쌀을 물에 담가 불려 간 후 체에 툭툭 쳐가며 밭쳐 걸러 밀전병처럼 부쳐 팥소를 넣는다. 계핏가루를 넣어 쓰면 좋고 채소에 양념을 갖춰 넣어도 좋다고 한다. 이는 지금의 강원도 메밀총떡, 제주도 메밀빙떡과 비슷하다.

'밀고깔연병'은 밀가루를 달걀노른자로 반죽해 얇게 밀어 네모반듯하게 베어 소를 싸되 만두소같이 넣는다. 소의 재료는 꿩이 좋지만 꿩이 없으면 익힌 돼지고기를 다져 생강, 파, 잣, 후춧가루를 넣어 볶아 쓴다. 형상을 삼각산처럼 두 부리를 거두어 깨끼적삼 덧단처럼 마주 붙이면 마치 고깔 같다는 표현은 지금의 편수와 같은 모양으로, 얇게 만든 만두피를 네모지게 썰어 양쪽 귀를 맞잡아 한 곳으로 모으고 서로 맞닿는 면을 붙여 오므려 빚는 방법을 '깨끼적삼 바느질법'으로 설명하였다. 이것을 데쳐 초지령에 양념을 넣어 먹으면 맛이 기절하고 봄여름가을(春夏秋) 세계절 모두 좋다고 기록하고 있다.

'양연'은 좋은 양을 큰 칼로 나른하게 두드려 녹말을 넣고 절구에서 한 덩어리가 되도록 매우 찧는다. 양 두드린 것을 자루처럼 하여 그 소를 넣고, 떡처럼 빚어 물을 끓이고 삶아낸 다음 초간장을 하면 어만두 같다. 소는 꿩이나 소고기, 돼지고기를 두드려 양념해 볶아 만두소처럼 만든다. 이때 녹말을 너무 많이 넣으면 연하지 않고 너무 적으면 빚기 어렵다. 삶을 때 실로 감아야 풀어지지 않는다.

4) 찬물류

「음식절조」에 수록된 찬물류는 총 19항목이다. 찜은 붕어찜, 제육황육가리찜, 해삼찜, 선지찜이 있다. 느르미는 동아느름, 전유어는 양전유어, 간전유어, 편육은 족편, 저편이 있다. 또 탕은 제육탕, 게탕, 굴탕, 칠계탕, 무로기탕, 간막이탕이 있다. 적은 머리골적, 선은 동아선, 배추선, 나물류는 잡채가 수록되어 있다. 이것을 [표 6]와 같이 정리하였다.

표 6 「음식절조」의 찬물

	음식명	재료
찜	붕어찜	붕어, 닭(꿩, 소고기) 기름, 장, 파, 마늘, 후춧가루, 밀가루, 계란
	제육황육가리찜	돼지고기, 소고기, 갈비, 지렁, 기름, 생강, 파, 후춧가루, 마늘, 깨소금
	해삼찜	해삼, 기름, 장, 꿩, 소고기. 녹말, 계란
	선지찜	소고기, 선지, 생골, 양념, 초지렁
느르미	동아느름	동아, 기름, 장물, 녹말, 꿩, 늙은 닭, 소고기, 양념, 깨즙
전유어	양전유어	소의 양, 소금, 녹말
	간전유어	간, 녹말, 소금

편육	족편	족, 지령, 기름, 생강, 후춧가루, 잣가루
	저편	돼지고기, 천초가루, 마늘, 파, 생강, 지령, 기름, 초간장
탕	저육탕	저육, 기름, 젓국, 두부
	게탕	게, 계란, 기름, 장, 파, 후춧가루, 생치, 순무, 진말
	굴탕	굴, 계란, 기름, 해삼, 돼지고기
	칠계탕	닭, 표고, 석이, 박오가리, 순무, 다시마, 토란, 도라지, 지령, 기름
	무로기탕	해삼, 숭어, 민어, 홍합, 박오가리, 돼지고기, 쇠골, 녹말, 계란, 파, 후춧가루, 간장, 소고기, 기름, 메밀가루, 장국
	간막이탕	돼지아기집, 장국, 닭, 표고, 석이, 돼지고기
적	머리골적	쇠머리골, 장국, 밀가루
선	동아선	센동아, 간, 기름, 생강, 마늘, 파, 겨자
	배추선	배추, 기름, 초겨자
나물	잡채	무, 순무, 숙주, 무순, 표고, 석이, 박오가리

(1) 찜

'붕어찜'은 소를 닭이나 꿩으로 하면 부드러워 좋고 없으면 소고기로 한다. 소로 쓸 고기를 잘 두드려 기름장, 파, 마늘, 후춧가루와 밀가루를 넣고 달걀을 잘 개어 넣는데 약간 질게 해 넣어야 속이 부드럽다. 붕어에 소를 넣고 기름을 치고 지진다. 노구 바닥에 수수대나 싸리를 펴고 붕어를 올려 넉넉히 잠기게 국물을 부은 후 한소끔 끓여내면 좋다. 「규합총서」와 「시의전서」에는 붕어를 통째로 등쪽으로 찢어 속을 제거하고 어만두 소처럼 소를 넣은 다음, 생선 베어낸 곳에 녹말을 묻히고 실로 동여매어 노구에 물을 조금 붓고 기름장에 뭉근한 불로 끓인다고 기록하고 있다. 단 「음식절조」에서는 붕어찜에 소를 넣기 위해 붕어의 등 쪽을 찢어 손질하는 방법을 생략한 것 같다.

'제육황육가리찜'은 삶은 돼지고기와 소고기를 저며 간장, 기름, 생강, 파, 후춧가루, 마늘, 깨소금을 넣고 섞어 양푼에 담아 중탕하여 찐다. 갈비는 무르게 삶아 양념대로 하여 찌면 좋다고 기록하였다. 이는 다양한 육류를 양념하여 승탕으로 찌는 법을 소개하고 있다.

'해삼찜'은 해삼을 무르게 삶아 기름과 장국을 쳐 불리고 클 때는 셋 씩, 둘 씩 자른다. 꿩고기나 소고기를 두드려 양념한 후 소를 넣어 녹말을 묻히고 그 위에 달걀물을 묻혀 지져서 즙을 맛나게 하여 쓴다고 기록하였는데, 즙의 내용에 대한 자세한 언급은 없다.

'선지찜'은 연한 살코기를 나른히(부드럽게) 두드려 솥을 달구고 기름을 둘러 잠깐 볶는다. 선지와 생골을 조각 없이 두드려 한데 합하여 양념을 한다. 고기를 먼저 볶다가 선지와 골 두드린 것을 부어 재빠르게 젓고, 이것이 엉기면 양념을 뿌려 퍼내어 식은 후 초간장을 하여 먹는다고 기록하고 있다.

⑵ 느르미

'동아느름'은 동아를 3cm 너비로 베어 얇게 썰어 기름을 치고 장물을 조금 쳐 볶는다. 여러 겹 놓아 물을 눌러 짜 버리고 녹말을 묻혀 기름 둘러 지져 낸다. 꿩이나 묵은 닭, 소고기를 잘 두드려 양념한 다음, 동아에 소를 넣어 말아 꿰어 즙을 맛나게 하여 얹으면 좋다고 기록하고 있다. 1800년대 문헌으로는 드물게 동화느름법이 적혀 있다. 육류를 소로 사용하였으며 즙의 내용에 대한 자세한 언급은 없다. 1600년대의 조리서인 「음식디미방」의 동아느르미는 삶은 무채와 석이버섯, 표고버섯, 참버섯을 소로 사용하였다.

⑶ 전유어

'양전유어'는 소의 양을 맹물에 고아 썰어 소금물에 적셔 녹말을 묻혀 지지면 질기지 않다고 기록하고 있다. '간전유어'는 간을 나른히 두드려 녹말에 소금을 섞고 묻혀 지진 뒤 썰면 질기지 않고 좋다고 기록하고 있다.

⑷ 편육류

'족편'은 족을 무르게 고아 뼈를 가려 빼고 덜 무른 것이 있거든 두드려 넣는다. 간장, 기름, 생강을 두드려 넣어 쟁반에 푼 후 후춧가루와 잣가루를 위에 고루 뿌려 떼어 쓰라고 기록하고 있다.

'저편'은 날돼지고기를 반쯤 익혀 나른하게 두드린 후 천촛가루, 마늘, 파, 생강, 녹말을 한데 넣고 나른히 두드려 간장과 기름으로 간을 맞춘다.

이것을 뭉쳐 어레미에 놓아 쪄 식혀 썬 후 초간장에 찍어 먹는다. 돼지고기 편육에 녹말을 덮어 굳히는 방법은 다른 고조리서에는 소개되지 않는 특이한 조리법이다.

⑸ 탕

'저육탕'은 돼지고기를 모나게 썰어 솥에 기름을 조금 두르고 볶다가 젓국을 치고 두부를 썰어 넣어 끓이는 젓국찌개다.

'게탕'은 게 속의 자지장(紫脂醬)을 모아 달걀, 기름, 장, 파, 후춧가루를 넣어 잘 섞은 다음 게딱지 속에 도로 넣는다. 장국에 꿩고기와 순무를 썰어 넣고 밀가루를 약간 풀어 끓이다가 게딱지를 넣어 끓이라고 기록하고 있다.

'굴탕'은 굴에 달걀물을 묻혀 기름에 지지고, 해삼을 무르게 고아 썰고, 삶은 돼지고기를 저며 넣고, 달걀을 놋그릇 바닥에 어리어 썰어 넣어 끓인다고 기록하고 있다. 여기서 달걀을 놋그릇에 익혀 지단처럼 썬 후 고명으로 넣는 점이 특이하다.

'칠계탕'은 닭을 깨끗이 씻어 표고버섯, 석이버섯, 박오가리, 순무, 다시마, 토란, 도라지를 넣고 간장과 기름을 넣는다. 이것을 항아리에 담아 중탕하거나 솥에 달여 만들어도 맛이 좋은 탕이다.

'무로기탕'은 '소고기완자탕'을 의미한다. 해삼은 고아 썰고 숭어나 민어는 어채만큼 썬다. 홍합, 박오가리, 돼지고기는 썰고 골은 저며 녹말을 묻힌다. 달걀에 파, 후춧가루를 넣고, 간장 물을 맞추어 익혀 족편처럼 어리는데, 족편보다 두껍게 놋그릇에 담아 물을 끓이며 들여놓아 엉기게 하여 네모지게 썬다. 무로기를 두드려 나른히 하여 간장, 기름, 다진 파를 넣고 합하여 새알만 하게 만든 후 메밀가루 묻힌다. 맛을 맞춘 장국에 기름을 쳐 끓이다가 준비한 재료들을 모두 넣고 끓인다. 무로기는 너무 많이 끓이면 단단해지니, 무로기와 달걀 썬 것은 다른 재료가 거의 끓은 후에 넣고 한소끔만 끓이면 좋다고 하였다. 이 음석은 해삼, 숭어, 민어, 홍합, 박오가리, 돼지고기를 썰고, 골편은 녹말을 묻혀 달걀물로 엉기게 하여 썰고, 소고기 완자를 넣어 끓인 소고기완자탕으로, 지금의 신선로에 가까운 음식으로도 볼 수 있으며 동시대의 다른 조리서에는 찾아볼 수 없다.

'간막이탕'은 장국에 닭고기, 표고버섯, 석이버섯, 돼지고기를 넣어 닭이 무를 정도로 끓이고 돼지 아기집을 썰어 넣어 잠깐 끓여낸 후 깻국에 풀어 쓰면 좋다. 아기십을 닭과 같이 넣어 끓이면 너무 물러 좋지 않으니 나중에 넣어 끓이라고 기록하고 있다. 간막이탕은 「원행을묘정리의궤(園幸乙卯整理儀軌)」(1795) 중 윤2월 15일 자궁께 올리는 주다소반과(晝茶小盤果)에 기록된 궁중음식으로 민가의 조리서에는 잘 보이지 않는 음식이다.

⑹ 적

'머리골적'은 쇠골을 전유어같이 저며 끓는 물에나 장국에 넣어 데친 다음 가는 살 꼬치에 꿰어 밀가루를 조금 뿌려 굽는다. 짚신굴을 끓는 물에 데쳐 파를 섞고 가루를 뿌려 구어도 가장 좋다. 쇠골과 굴을 미리 익혀 밀가루를 뿌려 굽는 법을 함께 설명하고 있다.

⑺ 선

'동아선'은 센 동아를 조각 지어 약간 간을 쳐 간이 들거든 사면이 한 치 닷 푼(4.5cm) 되게 썬다. 깨끗이 씻은 솥에 기름을 조금 치고 살짝 볶아 생강, 마늘, 파를 곱게 다져 좋은 초를 섞어 고루고루 잠깐 둘러내면 좋으니라. 또 잠깐 볶아 겨자를 짭짤하게 개어 부으면 좋다고 기록하고 있다.

'배추선'은 좋은 배추의 연한 밑동을 손가락 길이 정도로 자른다. 솥을 달궈 기름을 조금 치고 잠깐 볶아내어 초겨자를 짭짤하게 하여 치면 좋다고 기록하였다. 한편으로 「시의전서」의 조리법에 따르면 배추 속대를 3cm 정도 길이로 잘라 살짝 데친다. 소고기를 가늘게 썰고 표고버섯, 느타리버섯, 석이버섯, 실고추, 파, 미나리를 모두 채 썰어 데쳐둔 배추와 합하여 갖은 양념을 한다. 이것을 볶아 겨자와 먹는다고 적혀 있다.

⑻ 나물

'잡채' 만드는 방법은 무는 채 썰고 순무도 썬다. 숙주와 무엄순, 표고버섯, 석이버섯, 박오가리도 함께 넣되, 이 중 무와 순무, 무엄순, 숙주, 박오가리는 먼저 데쳐 양념하고 기름, 간장을 쳐서 볶아 즙국을 맛나게 하여 끓여 섞어 쓴다. 「음식디미방」의 잡채는 외, 무, 참버섯, 석이버섯, 표고버섯, 송이버섯, 숙주, 도라지, 거여목, 박고지, 냉이, 미나리, 파, 두릅, 고사리, 시금치, 동아, 가지, 꿩고기를 재료로 하며, 즙을 끓여 섞어 쓰는 법이 비슷하다.

5) 침채류

「음식절조」에 수록된 침채류의 조리법은 총 6종이다. 가끔 먹는 굴침채와 생치침채, 겨울에 쓰는 물외침채, 과동하는 외침채, 금방 쓰는 외침채, 겨울에 쓰는 가지침채가 있다. 이것을 [표 7]과 같이 정리하였다.

표 7 「음식절조」의 침채류

음식명	재료
가끔 먹는 굴침채	굴, 소금, 천초, 생강, 파
생치침채	오이, 꿩, 기름, 속뜨물, 파, 동치밋국
겨울에 쓰는 물외침채	어린 오이, 소금, 산초잎
과동하는 외침채	늙은 오이, 소금
금방 쓰는 외침채	외, 생강, 마늘, 소금
겨울에 쓰는 가지침채	굵은 가지, 소금

'가끔 먹는 굴침채'는 굴의 적을 가려 물을 빼고 항아리에 넣어 소금, 천초, 생강과 다진 파를 넣고 저어 하룻밤 방바닥에 놓았다가 선반 위에 얹어두고, 익으면 열흘에서 보름 동안 쓸 수 있다고 기록하였다. 지금의 어리굴젓의 조리법과 유사하다.

'생치침채'는 오이와 꿩을 썰어 각각 기름에 잠시 볶아낸다. 속뜨물을 받아 끓이다가 꿩고기 볶은 것을 넣고 한소끔 끓으면 파 흰 부분을 뜯어 넣고 잠깐 끓여 낸다. 오이를 같이 넣고 동치밋국을 쳐서 간을 맞추면 좋다.

'겨울에 쓰는 물외침채'는 8월 초순에 어린 오이를 씻어 물을 빼 항아리에 넣고 소금물을 고부지게 끓여 붓는다. 산초잎을 가득히 막아두면 겨울에 쓰기 좋다고 기록하고 있다.

'과동하는 외침채'는 늙은 오이를 물에 씻지 말고 물행주로 잘 닦아 독에 차곡차곡 넣는다. 소금물을 짜게 풀어 펄펄 끓여 붓고, 오이가 톡톡 터지는 듯하거든 돌로 눌러둔다. 3~4일 지나 오이를 꺼내고 소금을 더 풀어 소금물을 다시 끓여 붓고 억새로 위를 덮는다. 돌로 눌러 뜨지 않게 하여 서늘한 데 두어 상하지 않게 한다. 만약 소금 양이 적으면 무르고 오이가 딴 지 오래면 세어 연하지 않다.

'금방 쓰는 외침채'는 오이의 양끝을 베고 펄펄 끓는 물에 잠시 데쳐내어 찬물에 씻는다. 생강, 마늘을 두드려 외 속에 고루 넣은 다음 소금물을 끓여 삼삼하게 맞춰 담는다.

'겨울에 쓰는 가지침채'는 8월 그믐께나 9월 초순에 굵은 가지를 씻어 항아리에 넣고 소금물을 슴슴하게 끓여 서늘하게 식혀 채운다. 억새나 수수 속잎을 가득히 넣어두었다가 봄에 꺼내어 쓴다.

6) 장류와 초류

「음식절조」에 수록된 장류는 청장과 즙장이다. 식초는 2종으로 대추초와 초법을 기록하였다. 이것을 [표 8]와 같이 정리하였다.

표 8 장과 초

	음식명	재료
장	청장	메주 1말, 물 1동이, 소금 5되
	즙장	메주 2말(기울 2말, 콩 4되), 소금 1되, 나물, 소금
초	대추초	대추, 쌀, 누룩, 술
	초법	도라지, 술, 묵은 누룩

'청장법'은 메주에 소금물을 붓고 합장하여 우려내어 간장을 얻는 법으로, 조선조 초기에는 가장 중요한 장류 제조법이었다. 장을 담그는 시기는 9~10월이며 제조법은 메주 1말에 물 1동이, 소금 5되의 비율로 합장한다. 침장 기간은 나타나 있지 않고 '소금 맛이 감한 후'라고 적혀 있다. 메주 맛이 우러난 후 시루에 받쳐 즙은 3분의 1 분량이 되게 달여 간장으로 쓰고, 찌꺼기는 소금을 섞어 쪄 먹는다고 하였다. 이는 메주에 소금물을 섞어 합장한 후 그 즙은 간장으로 쓰고, 건더기는 찌거나 말려 자반으로 만드는 조선조 전반기의 청장법과 유사한 방법이다. 지금처럼 건더기로 된장을 만드는 법은 나타나지 않는다.

'즙장'은 돼지날 날씨가 찰 때 하면 오래 두고 써도 변치 않는다. 기울이

2말이면 콩 4되를 넣는다. 콩을 3~4일 물에 담가 거품이 생겨 쉰내가 나면 물에 씻고 가울을 섞어 푹 찐다. 이것을 찧어 손으로 쥐어 메주를 만들어 버들그릇이나 질그릇에 닥잎과 메주를 켜켜이 두어 7일 정도 띄운다. 햇볕에 말려 찧어 소금물로 손으로 쥐어질 정도로 반죽한다. 혼합하는 나물은 소금물에 짠 침채처럼 만들어 메주와 나물을 떡 안치듯이 켜켜이 안친다. 두엄을 사나이 가슴 깊이만큼 파서 풀을 3~4바리 베어 썰어 넣고, 겨를 3~4그릇 붓고 물 5~6그릇 붓는데, 날이 덥거든 그냥 붓고 춥거든 끓여 붓는다. 거적으로 위를 많이 덮어 3~4일 만에 보면 손이 못 닿게 뜨겁거든 속을 깊이 헤치고 즙장 항아리를 묻었다가 4일 만에 낸다. 묻을 때는 거적으로 위를 많이 덮어야 좋고, 눅진해야 잘된 것이다. 떠낼 때는 밑에서 위로 치 떠내야 한다. 처음 반죽할 때 지렁과 맥아가루와 꿀을 넣으면 좋다고 하였다.

'대추초'는 반쯤 익은 대추를 씻어 항아리에 7할이 되게 넣고 냉수를 잠길 만큼 붓는다. 항아리를 처매어두면 여러 날이 지나 곯고 쉰내가 난다. 대추 3되 분량이면 쌀 1되로 밥을 짓고, 누룩을 많이 찧어 치지 말고 밥과 함께 넣어 식거든 보통법으로 술을 빚는다. 괴어서 멀겋거든 대추를 한데 들이부어 두면 오래 지나 가라앉아 맑고 시고 좋다. 쓰면서 맑은 술이나 후주를 부어가며 쓴다.

'초법'은 생도라지를 한 번 씻어 찧어서 항아리에 넣고, 찬찬히 싸매두어 여러 날 지나면 곰팡이가 필 것이니 이때 지독한 술을 도라지가 잠길 만큼 붓는다. 또 7일 만에 좋은 술을 부어두고 묵은 누룩을 3덩이씩 충분히 구워 넣으면 초가 익어 매우 좋다고 하였다.

2. 주방문

1) 「음식절조」에 나타난 주품의 종류와 다양성

「음식절조」에 수록된 주품명운 총 21주품 29주방문이다. 빅일쥬, 소곡쥬 별법, (소곡쥬)녯법, 쳥명쥬, (쳥명쥬) 또흔법, 하일쥬, 몱은 벽향쥬, 된벽향쥬, 향온쥬, (향온쥬) 또흔법, 옥지쥬, 니화법, 이월니화쥬, 둔니화쥬, 과하쥬, (과하쥬) 또흔법, 소시쥬, 삼히쥬, 하향쥬, 별향쥬, 감쥬, 하쥬, 합쥬, 보리쳥쥬 (이화국)보리쳥쥬, 녹두누룩으로 술빗는 법, 디쥬, 호산츈, 즈하쥬 등이다.

표 9 주품명

	단양주	이양주	삼양주
순곡주	이화주법, 이월이화주, 단이화주, 감주, 하주, 합주, 지주	소곡주, 소곡주옛법, 청명주1, 청명주2, 하일주, 향온주1, 향온주2, 사시주, 하향주	백일주, 맑은 벽향주, 된 벽향주, 삼해주, 별향주, 호산춘
혼양주	과하주1, 과하주2, 자하주		
잡곡주	보리청주, (이화국)보리청주		
약용약주		옥지주	
기타	녹두누룩으로 술 빚는 법		

2) 주방문에 나타난 양주법의 경향과 특색

「음식절조」에 수록된 주방문을 살펴보면, 먼저 양주 횟수에서 비교적 고른 분포를 나타내고 있다. 단양주(單釀酒)는 이화법, 이월이화주, 단이화주, 과하주1, 과하주2, 감주, 하주, 합주, 보리청주, 보리청주(이화국법), 지주, 자하주, 녹두누룩으로 술 빚는 법 등 9주품 13종이다. 이양주(二釀酒)는 소곡주, 소곡주옛법, 하향주, 청명주1, 청명주2, 향온주1, 향온주2, 옥지주, 사시주, 하향주 등 7주품 10종에 달한다. 삼양주(三釀酒)는 백일주, 맑은 벽향주, 된 벽향주, 삼해주, 별향주, 호산춘 등 5주품 6종이다.

「음식절조」에 수록된 29종의 주방문 가운데 청주류는 백일주, 삼해주, 소곡주 2종, 청명주 2종, 하일주, 벽향주 2종, 향온주 2종, 사시주, 하향주, 별향주, 하주, 보리청주 2종, 지주, 호산춘 등 총 19종으로 가장 높은 비율을 차지하는데, 이 가운데 삼양주가 6종, 이양주가 9종 그리고 단양주가 4종이다. 탁주류는 이화주 3종, 합주, 감주 등 5종이며 단양주류에 한정되어 있다. 혼양주류인 과하주 2종과 자하주 등 3종은 단양주 중심으로 수록되어 있다. 또한 「산가요록」과 「주찬방」에서 과실주이자 보약주로 자주 등장하는 백자주(柏子酒)의 일종인 '옥지주'가 수록되어 있다.

표 10 주품명 및 주방문

주품명		밑술법/단양주 (발효 기간/채주 시기)	덧술법 (발효 기간/채주 시기)	2차 덧술 (발효 기간/채주 시기)
삼양주	백일주 (청주)	찹쌀 3되, 물 3사발, 누룩가루 3되, 밀가루 3되 *죽 *정월해일 ~2월 20일	멥쌀 4말, 물 1말 *범벅 *3월까지	멥쌀 5말, 끓는 물 1말 *진고두밥 *4월 초
	맑은 벽향주 (청주)	멥쌀 1말 5되, 찹쌀 1말 5되, 끓는 물 4말, 누룩가루 5되, 밀가루 1되 5홉 *범벅 *3~7일	멥쌀 4말, 끓는 물 6말, 누룩가루 1되 *설갓죽 *3~7일	멥쌀 4말, 끓는 물 10말 *설기죽 *익기를 기다린다
	된 벽향주 (청주)	멥쌀 2되, 끓는 물 (2되), 누룩 7홉 *범벅 *2일	*묵개(멥쌀 2되, 범벅, 끓는 물 5되, 누룩 약간) *2일	찹쌀 1말 *고두밥 *7일
	삼해주 (청주)	멥쌀 1말, 끓는 물 3병, 누룩가루 1되, 밀가루 1되 *범벅 *12일	멥쌀 7말, 끓는 물 21병, 누룩가루 5되 *범벅 *3일	멥쌀 7말, 끓는 물 21병 *고두밥 *21일
	별향주 (청주)	멥쌀 1말, 끓는 물 3말, 누룩가루 2되 4홉, 밀가루 8홉 *범벅 *5일	멥쌀 4말 5되, 끓는 물 6말, *진고두밥 *익기를 기다린다	멥쌀 3되 4홉, 끓는 물 1동이반, 누룩가루 1되 *죽 *5~6일
	호산춘 (청주)	멥쌀 5되, 냉수 7되, 누룩가루 3되, 밀가루 3되 *범벅 *초하루, *13일	멥쌀 3말 5되, 끓는 물 5되 *범벅 *13일	멥쌀 5말, 끓는 물 5말, *진고두밥 *45일
이양주	소곡주 (청주)	멥쌀 5되, 물 3말, 누룩가루 5홉, 밀가루 5홉 *죽 *정월 첫돌날 ~2월 20일	찹쌀 3말 *고두밥 *4월 초승	

이양주	소곡주 옛법 (청주)	멥쌀 5말, 물 7말, 누룩가루 7되 *범벅 *정월 상순 ~4월 7일까지	멥쌀 10말, 찹쌀 5말, 끓는 물 13말, 누룩가루 3되 *진고두밥 *5월 초
	청명주1 (청주)	찹쌀 1말, 끓는 물 1말, 누룩가루 1되 *범벅 *청명/1일	찹쌀 2말 (2일 침지) *고두밥 *40일
	청명주2 (청주)	찹쌀 2말, 끓는 물 3~4병, 누룩가루 5홉, 밀가루 5홉 *된범벅 *익기를 기다린다	찹쌀 1말 *고두밥 *21일
	하일주 (청주)	멥쌀 3말, 끓는 물 1되5홉, 누룩가루 3되 *된범벅 *3일	찹쌀 3말, 냉수 6되 *고두밥 *21일
	향온주1 (청주)	멥쌀 1되, 끓는 물 1사발, 누룩가루 1되, 떡 삶은 물 남은 것 *구멍떡 *4일	찹쌀 1말 *고두밥 *익기를 기다린다
	향온주2 (청주)	멥쌀 1말, 끓는 물 1말, 누룩가루 1되 *범벅 *5일	찹쌀 1말 *고두밥 *7일
	사시주 (청주)	멥쌀 1말, 끓는 물 2말, 누룩가루 1되 5홉 *범벅 *3일	멥쌀 2말, 밀가루 3홉 *고두밥 *7~14일
	하향주 (청주)	찹쌀 1되 5홉, 끓는 물 3되, 누룩가루 1되 5홉 *범벅 *3일	찹쌀 3말 *고두밥 *10일
	옥지주 (약주)	멥쌀 1말, 끓는 물 9되, 누룩 2되, 밀가루 5홉 *설기떡, 설기죽, *하룻밤	찹쌀 3되, 누룩 2홉, 밀가루 2홉, 실백자 5홉 *고두밥 *익기를 기다린다

단양주	이화법 (탁주)	멥쌀 1말, 이화국 5되, *구멍떡 *배꽃 피려 할 때 *5월 10일쯤
	이월 이화주 (탁주)	멥쌀 1말, 이화국가루 *구멍떡 *배꽃 피려 할 때 *익기를 기다린다
	단 이화주 (탁주)	멥쌀 1말, 누룩가루 3~4되 *구멍떡 *4~5월/3~4일, 6~7월/7일
	감주 (탁주)	멥쌀 1되, 찹쌀 5홉, 누룩 2줌, 더운물 1종자 *고두밥 *1일
	하주 (청주)	멥쌀 5되, 누룩 5홉 *고두밥 *7일
	합주 (탁주)	멥쌀 1말, 누룩가루 7홉 *고두밥 *익기를 기다린다
	지주 (청주)	멥쌀 1말, 끓여 식힌 물3 병, 누룩가루 3홉, 밀가루 3홉 *고두밥 *익기를 기다린다
	과하주1 (혼양주)	찹쌀 1말, 누룩가루 1되, 소주 10~20복자 * 고두밥 *익기를 기다린다

단양주	과하주2 (혼양주)	찹쌀 1말, 누룩가루 7홉, 끓여 식힌물 1병, 독한 소주 10복자 *고두 밥 *익기를 기다린다
	자하주 (혼양주)	찹쌀 1말, 수곡 (고운 누룩가루 7홉, 끓여 식힌 물 6복자), 소주 1복자 *고두밥 *14일
	보리청주 (청주)	쌀보리 1말, 밀가루 2~3홉 *익기를 기다린다
	(이화국) 보리청주 (청주)	쌀보리 1말, 이화국 가루 (2~3홉) *익기를 기다린다
	녹두국 술법	멥쌀 1말, 녹두누룩 (녹두 1말+찹쌀 1되) 2되 *21일

(1) 삼양주

① '백일주(百日酒)'는 술 빚는 기간이 100일 소요된다는 의미에서 붙여진 주품명이다. 「음식절조」에 기록된 '백일주'는 밑술에서 찹쌀 3되이고 덧술은 멥쌀 4말, 2차 덧술은 멥쌀 5말이다. 누룩은 밑술에 3되가 한 차례 사용될 뿐이고, 물은 끓는 물 2말 3사발이다. 술 빚는 시기는 밑술은 1월, 덧술은 2월 20일, 2차 덧술은 3월이나, 밑술 빚는 날의 첫 돗날을 해일로 본다면 덧술과 2차 덧술의 간격은 일정치 않다. 단지 술 이름이 '백일주'라는 사실에서 덧술은 48일째 되는 해일이고 2차 덧술은 3월 둘째 해일로서, 술 빚는 간격이 48일로 96일이 소요된 데서 '백일주'라고 칭하게 된 것으로 여겨

진다. 또한 밑술은 죽, 덧술은 범벅, 2차 덧술은 진고두밥을 사용하는 점에서 주원료인 쌀의 가공 방법의 다양성을 찾아볼 수 있다.

② '벽향주(碧香酒)'는 평양 등 관서지방의 명주로 '술 빛깔이 푸르고 향기롭다'는 뜻에서 유래한 술이다. 푸른 술 빛깔은 그만큼 맑다는 의미이며 이 술의 특징이다.

「음식절조」의 '벽향주'는 '맑은 벽향주'와 '된 벽향주' 2가지의 방문을 수록하고 있다. '맑은 벽향주'는 밑술은 범벅 덧술과 2차 덧술에서 설기죽을 사용하는데, 밑술은 멥쌀과 찹쌀을 사용하고 덧술과 2차 덧술은 멥쌀을 각 4말씩 사용한다. 밑술에는 끓는 물 4말, 덧술에는 끓는 물 6말, 2차 덧술에는 끓는 물 10말이 사용된다. 누룩은 밑술에 누룩가루 5되, 밀가루 1되 5홉을 넣고 덧술에는 누룩가루 1되가 사용되며, 2차 덧술에는 누룩을 사용하지 않는다. 밑술과 덧술의 발효 기간은 겨울은 7일, 봄가을은 5일이다.

'된 벽향주'는 밑술에 멥쌀 2되를 가루로 하여 된 죽(범벅)을 만들어 누룩가루 7홉을 섞어 빚고, 2일 후 밑술과 같은 방법으로 묽게 쑨 떡에 누룩가루를 약간 뿌려 다른 술밑을 빚어놓는다. 2차 덧술은 2일 후 2일간 불린 찹쌀로 고두밥을 지어 사용하는데 밑술과 별도의 밑술을 체에 밭쳐 탁주를 만든 다음, 뜨거운 고두밥과 섞어 빚는다. 고두밥이 식지 않게 빨리 버무리고 단단히 밀봉하여 더운 방에 이불로 두껍게 싸서 7일간(여름은 술 밑을 찬 방에 싸지 않고 두었다가 3일간) 발효시키는 방법으로 '감향주' 주방문과 매우 유사하다.

③ '삼해주(三亥酒)'는 그 이름에서 알 수 있듯이 '해일(亥日)에 세차례에 걸쳐 술을 빚는다'는 뜻에서 유래한 주품명이다. 맛과 향이 뛰어나 전통주 가운데 명주로 알려진 주품들의 상당수는 특히 돼지날(亥日)에 빚는 술이 많은데, 이는 '다른 동물에 비해 돼지의 피가 맑고 밝은 선홍빛이어서, 이날 술을 빚으면 맑고 깨끗한 좋은 술이 된다'는 데에서 유래한 풍속이다. 음력으로 새해가 되어 처음 맞이하는 돼지날에 처음 술(밑술)을 빚기 시작하여 12일 간격이나 36일 간격으로 돌아오는 다음 돼지날에 덧술을 하고, 다시 돌아오는 돼지날에 세 번째 술을 해 넣는 까닭에 '삼해주'라는 주품명을 붙였다. 술이 익기까지는 최소 36일에서 96일이 걸리는 장기 발효주라고 할 수 있어 '세시주(歲時酒)' 또는 '계절주(季節酒)'의 성격을 띤다. 술을 빚는 시기가 가장 추운 때인 한겨울이기 때문이다.

「산가요록」 외 여러 문헌의 '삼해주' 주방문을 통해 몇 가지 사실을 확인

할 수 있다. 첫째, '삼해주'에 사용되는 쌀이 매우 많이 들어간다는 것이다. 이는 당시의 쌀 생산량이나 생활 수준을 생각하면 일반 서민층에서 접근할 수 있는 술이 아님을 짐작할 수 있다. 사대부나 부유층의 술이라는 것이 분명해진다. 둘째, 조선 초기 즉 600년 전에 이미 저온 장기 발효를 위한 양주 시기로 음력 정월이 선호되었다는 것을 알 수 있고, 단양주법의 서양 포도주나 맥주와는 달리 고급 주품을 위한 삼양주법의 양주 기술이 확립되었다는 사실을 확인할 수 있다.

「음식절조」의 '삼해주'를 죽(범벅)과 백설기(죽), 고두밥(진고두밥)으로 빚는 「수운잡방」과 「홍씨주방문」의 '삼해주' 주방문과 비교하면 원료의 비율이 약간 다를 뿐 그 방법은 매우 유사하다.

④ '별향주'는 '향기가 뛰어난 술'이란 뜻이다. 「음식절조」의 '별향주'는 덧술용 쌀을 5~6일간 불렸다가 사용함으로써, 덧술의 발효를 억제시켜 잔당이 많은 데서 오는 단향의 감미롭고 향기로운 술을 얻고자 한 주방문이라는 것을 알 수 있다.

⑤ '호산춘(壺山春)'이라는 주품명은 춘주류에서 보듯 세 차례에 걸쳐 술을 빚는 삼양주법(三釀酒法)에서 나타나는 양주 과정의 특징과 함께 특정한 지명(地名)에서 유래했다는 것이 정설이다. 전라북도 익산 지방의 여산면을 옛날에는 '호산(壺山)'이라고 했는데, 이 지방의 특주(特酒)로 명성이 높았던 까닭에 옛 지명을 따서 '호산춘'이라고 지칭하게 되었다는 것이 그 유래다. '호산춘(壺山春)'은 조선시대 후기로 접어들면서 삼양주가 아닌, 술 빚는 방법과 과정에서 이양주로 간소화되는 경향을 나타내었다. 「산림경제」를 비롯한 여러 문헌에 등장하는 삼양주법은 밑술과 덧술을 범벅으로 하고, 2차 덧술을 고두밥에 끓는 물을 섞어 만든 진고두밥으로 하는 경우와 백설기(흰무리떡)에 끓는 물을 섞어 백설기죽으로 하는 방법 등 크게 2가지 형태로 뿌리를 내려왔으나, 이양주법으로 간소화되면서 양주 기법도 다양하게 나타나는 것을 볼 수 있다.

「음식절조」의 '호산춘'은 「산림경제」의 '호산춘' 주방문을 베껴 쓴 것으로 생각된다. 주방문에 '열 말 빚으려 하면'이라고 하였는데, 쌀의 양은 9말이므로 밑술의 쌀 양이 1말 5되라야 한다. 그리고 밑술의 물은 찬물 7되, 덧술은 쌀 3말 5되에 대하여 물 5되라고 하였는데, 이는 물의 양을 잘못 기록한 것 같다.

(2) 이양주

① '소곡주(小麯酒)'는 '누룩을 적게 넣고 장기간에 걸쳐 술을 익힌다'라는 뜻을 담은 술이다. 「음식절조」의 '소곡주(별법)'는 밑술은 멥쌀죽, 덧술은 찹쌀고두밥이다. 밑술은 멥쌀 5되에 물 3말과 누룩 5홉, 진말 5홉이 한 차례 사용되고, 덧술은 찹쌀 3(4)말로 지은 고두밥만 사용된다. 술 빚는 시기는 정월 첫 돗날(해일)이고 다음 날에 덧술을 해 넣는다.

「음식절조」의 '소곡주(옛법)'은 밑술을 멥쌀 5말로 지은 설기죽, 덧술을 멥쌀 10말과 찹쌀 5말로 지은 고두밥에 끓는 물 13말에 골라서 식은 진고두밥을 사용한다. 누룩은 쌀 대비 5%인 1말로 밑술에 7되, 덧술에 3되가 사용되고, 물은 끓는 물을 사용하는데, 밑술에 7말, 덧술에 13말이 들어간다. 술 빚는 시기는 음력 정월 초순에 빚고 덧술은 4월 8일 전으로, 소곡주 별과는 상이하게 덧술 빚는 간격이 90여 일이나 되는 특별한 경우라고 할 수 있으며, 30일가량 발효 숙성시키는 술이다. 다른 문헌의 '소곡주'와는 다름에도 '소곡주옛법'이라고 한 것을 볼 수 있다.

② '청명주(淸明酒)'는 청명일 전후, 또는 곡우를 전후로 밑술을 빚기 시작하여 도화(桃花) 등 봄철의 꽃이 필 무렵에 마시는 계절주(季節酒), 세시주(歲時酒)이다. 비교적 짧은 기간에 걸쳐 발효시키는 술이라는 점에서 그 특징과 의미를 찾을 수 있겠다. 「음식절조」의 '청명주'도 청명일에 빚는 술로 이양주이다. 밑술은 찹쌀 1말을 가루 내어 끓는 물의 양을 조절하여 맛을 달리하는데, 범벅을 쑤되 무르고 된 정도를 달리하여 사용하고 여기에 먼저 누룩 1되를 넣어 하루를 지낸 후, 덧술은 찹쌀 2말을 2일간 불렸다가 밑술 빚은 다음 날 고두밥을 지어 사용하고 40일간 발효와 숙성시키는 방법으로 술을 빚는 매우 특별한 경우로 「음식절조」의 청명주가 유일하다.

'청명주2'는 찹쌀 2말을 가루로 하여 끓는 물 3~4병으로 범벅을 쑤어 사용하고 누룩은 5홉, 밀가루 5홉을 넣는다. 밑술이 괴어 오를 때 체에 걸러 누룩 찌꺼기를 제거한 탁주에 찹쌀 1말로 지은 고두밥을 넣어 빚는데, 21일간 발효와 숙성을 거쳐 이루어진다. 앞선 '청명주'와 다른 점은 밑술의 쌀 양보다 덧술의 쌀 양이 50%이며, 특하 밑술이 괼 때 걸러 만든 탁주와 찹쌀 고두밥으로 덧술을 해 넣는 방법으로 술맛이 매우 거칠고 독하다. 앞의 청명주와 쌀 양은 동일하나 밑술과 덧술의 비율이 반대인 것을 알 수 있는데, 누룩 양을 50%나 줄인 반면 안전 발효를 위해 밑술의 발효가 활발할 때 덧술을 하는 방법을 취하고 맛의 균형과 오염 방지를 위해 밀가루를 사용하고 있음을 볼 수 있다.

③ 「음식절조」의 '하일주'는 술 빚는 방법이 매우 독특하다. 밑술은 설기떡을 다시 끓는 물과 섞어 범벅(죽) 형태로 만들어 사용하고, 덧술은 찹쌀고두밥에 냉수를 뿌려 식히는 방법으로 「양주방」의 청명향과 유사하다. 문제는 3말의 설기떡을 뜨거운 물 한 되 가웃으로 범벅을 만들 수 없기 때문이고, 덧술도 냉수 6되로 3말의 고두밥을 차게 식힐 수도 없다는 점에서 사용되는 물의 단위에 대한 의문점이 대두된다.

④ 「음식절조」의 '향온주1'과 '향온주2'는 이제까지 알려진 '향온주' 와는 주원료의 종류나 양, 가공 방법, 술 빚는 법에서 매우 상이하다. 특히 밑술 주방문은 「임원십육지」의 이양주법 '동정춘(洞庭春)' 주방문과 동일하고, 주원료의 비율에서는 「주찬」의 이양주법 '절주(節酒)' 주방문과 동일하다. 덧술에서는 「음식디미방」을 비롯한 여러 문헌에 수록된 '하향주(荷香酒)' 주방문과 동일하다.

'향온주2'는 본법(향온주)보다 수월한 방법으로 바뀌었다는 것을 알 수 있다. 즉 밑술의 구멍떡보다는 빚는 과정이 비교적 간단한 죽으로 하고 물의 양도 많아진 것을 알 수 있다.

⑤ '사시주(四時酒)'는 일 년 열두 달 그 어느 때나 빚을 수 있는 술이라는 뜻이다. 여름철에 국한된 양주 기법과 사시사철을 아우르는 양주 기법은 분명하게 차이를 나타내고 있는 주방문으로서, 여름철 양주 기법은 쌀 양에 비해 물의 양을 줄이는 한편으로 밀가루를 사용하는 것으로 나타난다.

⑥ '하향주(荷香酒)'라는 술 이름에서도 알 수 있듯 술에서 '연꽃향기(荷香)가 난다'고 하여 붙여진 이름이다. 「음식절조」의 '하향주'는 일반적으로 밑술을 구멍떡을 만들어 빚는데, 범벅을 만들어 빚었다. 덧술은 찹쌀을 주재료로 하여 고두밥을 무르게 쪄서 차게 식혀 밑술과 섞어 발효시킨다. 문헌에 따라 술을 익히는 기간이 7~31일간으로 현저한 차이가 있는데, 덧술의 발효 기간이 이렇듯 다른 이유는 술맛과도 관련이 있다. 발효 기간이 길어질수록 독해지고 단맛이 적다는 것이다.

⑦ '옥지주(玉脂酒)'는 '옥지춘(玉脂春)'으로도 불리는데, '백자주(栢子酒, 잣술)'의 한 가지로 생각할 수 있다. '옥지주'는 잣을 사용함으로써 발효 현상에 따른 주품명을 붙이게 된 것이다. 잣을 분쇄하여 술에 사용하면, 발효 중에

잣기름이 주면(酒面)에 넓고 두껍게 뒤덮여 있는 것을 볼 수 있다. 이 잣기름을 '옥지(玉脂)'라고 하므로 '옥지주'라는 주품명의 유래에 관하여 생각해볼 수 있다.

(3) 단양주

① '니화법'은 이화곡과 이를 사용한 '이화주(梨花酒)' 빚는 법을 뜻한다. 「음식절조」에는 3가지의 주방문이 등장하는데, 누룩 곧 '이화곡(梨花麯)'에 따른 주품명으로, 겨울철인 '음력 정월이나 2월' 또는 '배꽃 필 때' 전용 누룩인 이화곡을 만들고, '배꽃이 필 무렵'에 술 빚기를 시작하여 여름철까지 빚어 마시는 술이라는 사실을 확인할 수 있으므로, '이화곡을 사용하여 배꽃이 필 때 술을 빚기 시작한다'고 정의할 수도 있다.

「음식절조」의 '니화법'은 정월 망일(보름)이 술 빚기에 사용되는 전용 누룩인 이화곡을 빚는 시기이고, '이월이화주'는 누룩인 이화곡을 빚는 시기가 2월 초 이른 봄이고, '니화법'과 '이월이화주'가 다 같이 '배꽃 피려 할 때'가 술 빚는 시기인데, 누룩 빚는 법에서는 특별할 것이 없다. 다만, 술 빚는 법에서는 '누룩가루를 섞어 치댄 술밑을 손바닥만 하게 만들어 차게 식은 후 항아리의 가운데가 비게 벌려 안치는' 방법과 '잠깐 차게 식은 떡을 모아 인절미처럼 만든 다음 조금씩 떼어 누룩가루와 섞어 치댄 술밑을 항아리에 눌러 담는' 방법으로 차이가 있다. '니화법'과 '이월이화주'의 이화곡은 공히 "멥쌀을 백세하여 물에 담가 불렸다가 가루를 만들어 두 번 내려서 물과 화합하여 쥐어서 단단히 뭉쳐 덩이를 만들되"라고 하여 누룩을 만들 때 '물과 화합하여'라고 되어 있어, 다른 문헌의 이화곡법과는 다르지만 「주방문」의 기록과 다르지 않다는 것을 알 수 있다.

'단이화주'는 "차게 식으면 좋은 누룩가루 서 되나 넉 되 섞어 반죽이 물러지도록 많이 치대 달걀만 한 크기로 뜯어서 담아 안치고, 위를 찬찬히 눌러 다지고"라고 하여 일반적인 이화주와는 술밑을 안치는 방법에서 차이가 있고, "삼일 만에 다나니라. 여러 날이면 맛이 맵나니"라고 하고, "(맛이) 단 후 쓰다가, 항아리째 넣어 삶아내어야 쓰지 않나니"라고 하여 중탕하여 단맛을 유지케 하는 방법을 볼 수 있다는 점에서 술맛이 쓰지 않고 달게 먹는 방법에 주안점이 있다는 것을 알 수 있다.

② '감주(甘酒)'는 어떤 방법으로 빚든지 그 맛에서 감미가 두드러져야 한

나는 사실과 함께, 비교적 단기간에 걸쳐 양주된다는 공통점이 특징이라고 할 수 있다. 「음식절조」의 '감주'는 「산가요록」의 '감주 우방'과 유사한 주방문을 보여주고 있으나 원료 비율이 다른 것을 볼 수 있으며, 중탕하여 사용하는 것을 알 수 있다. 주방문 말미에 "늙은 병자나 어린이가 체질에 맞으면 좋다"고 한 것으로 미루어 알코올 도수보다는 단맛 중심의 술이라는 것을 알 수 있다.

③ '하주'라는 주품명은 「음식절조」의 기록이 유일한데, 멥쌀을 쓰고 위의 '하일주'와 같이 찬물로 고두밥을 씻어 물 없이 빚고 밀가루와 엿기름이 사용되지 않는다. 따라서 '하주'는 여름철에 과발효를 억제하기 위해 물을 사용하지 않고 빚는 술의 한 가지로 이해해야 옳을 것 같다.

④ '합주(合酒)'의 유래와 관련한 여러 가지 설이 있다. 즉 소주의 유행에 따라 주독으로 인하여 많은 사람이 목숨을 잃는 사태가 발생하면서 그 대안으로 소주도 아니고 약주(청주)도 아닌, 중간 형태의 술이라는 것과 여름을 날 수 있는 농순(濃醇)한 술을 얻기 위한 방법, 그리고 청주류의 저장성을 높이기 위하여 숙성시킨 술에 소주를 섞어 다시 숙성시키는 방법의 '과하주'와 '송순주' 등이 '합주(合酒)'에 해당한다는 설 등이다. 「음식절조」의 '합주' 주방문은 「주방문」의 '합주'와 유사하다.

⑤ '지주'는 주품명이 '맛 좋은 술'이라는 의미를 갖고 있는데 단양주법과 이양주법, 삼양주법 등 다양한 방법이 있다. 「음식절조」의 '지주'는 단양주임에도 밀가루가 사용되고, 설기떡이 아닌 고두밥을 사용한다. 솔잎을 땅속에 깔고 술항아리를 묻어 익은 후 꺼낸다고 하여 다른 문헌과 차이가 없다.

⑥ '과하주(過夏酒)'는 술을 빚을 때 쌀 등의 곡식과 누룩, 물을 주원료로 발효시킨 술에 별도로 빚어 증류한 소주를 넣거나 처음부터 소주를 함께 사용하여 재차 발효, 숙성시킨 후 필요에 따라 청주나 탁주로 여과하여 즐기는데, 발효주에 비해 그 향과 맛이 진하며 "여름철이라도 상온에 두어도 변하지 않는다"라고 하여 '과하주'라는 명칭을 부여하게 되었다. 「음식절조」의 '과하주2'는 '찹쌀 한 말을 백세하여 물에 담가 불렸다가, 불었거든 익게 찌고 차게 식은 후에 누룩가루 칠 홉을 고루 섞어놓고, 끓여 식힌 물 한 병을 부어 고두밥 덩이를 낱낱이 풀어 (항아리에) 담아 안치고 술이 괸 후에 소주를 되게 내려서 (쌀)한 말에 (소주)열 복자씩 부어라"라고 하였는데 다른 문헌에서는 찾아보기 힘든 주방문이다. 또 보통의 과화주는 끓여 식힌 물에 누룩가루를 섞어 수곡을 만들어 사용하는 것이 일반적이나 「음식절조」의 '과하주2'는 수곡을 사용하는 방법이 아님을 발견할 수 있다.

특히 주방문 말미에 “소주가 독할수록 좋고 자소주(홍주)도 해롭지 않다”거나, “술이 괸 후에 소주를 되게 내려서 (쌀)한 말에 (소주)열 복자씩 부어라”라고 하여 다른 문헌의 일반 과하주 주방문에서 ‘중품 소주’를 사용하고 있는 것과는 상이하다.

⑦ 「음식절조」의 ‘자하주’는 ‘과하주’ 제조법으로 생각된다. 다만 소주의 사용량이 다른 ‘과하주’보다 소량을 사용한다는 점에서 차이가 난다. 발효를 억제해 농단 상태의 단맛이 강한 발효주를 얻고자 한 주방문이라는 점이 다르다.

⑧ ‘보리청주’는 쌀보리로 빚는 술이다. 쌀보리를 사용한 주품명으로 ‘모미주’ 또는 ‘모주’, ‘추모주’, ‘모미소주’ 등이 있다. 「음식절조」의 ‘보리청주’ 주방문은 「언서주찬방」의 ‘모미주’ 주방문과 유사하다. ‘보리청주’를 비롯하여 ‘모미주’, ‘보리소주’ 또는 ‘모미소주’ 등 보리와 보리쌀을 주원료로 하는 주방문의 공통점은 다 같이 보리쌀을 오랫동안 불려서 부식시킨 후 여러 가지 형태로 만들어 술을 빚는다는 점과, 발효가 일어나는 즉시 거르거나 채주하여 마신다는 점에서, 술을 빚는 사람의 솜씨나 멥쌀의 혼합 여부에 따라 약간씩 방문이나 재료 양의 변화와 가공 방법의 차이를 나타낸다고 할 수 있을 것 같다.

⑨ ‘녹두누룩으로 술 빚는 법’은 이 책 맨 앞부분에 ‘菉豆作麯法(녹두작곡법)’에 추가하는 내용으로 볼 수 있겠다. 녹두 1말을 거피하여 푹 쪄서 찹쌀 1되를 가루를 내어 함께 찧어서 누룩을 만든다. 탱자 크기로 만들어 무명실에 꿰어 벽에 걸어두고 마를 때까지 기다린다. 술을 빚을 때는 쌀 1말에 누룩 2되를 넣는다. 정월에 좋은 항아리를 물기 없이 하여 넣어(녹두누룩으로 빚은 술을 담아 안치고) 단단히 봉하여 찬 곳에 두었다가, 삼칠일(21일) 후에 채주하여 마시면 달고 맵고 향기롭다)”고 하여 구체적인 술 빚는 법이 생략되어 있다.

이상에서 살펴본 「음식절조」에 나타난 주품명과 술 빚는 법은 다양성을 통해 철저하게 가문 비법으로 자리 잡은 기록의 산물이라는 근거를 찾을 수 있었다.

「음식절조」의 주방문 가운데 가장 특징적인 것은, 구멍떡으로 빚는 술의 경우 4회 등장하는데 이 가운데 단양주법의 이화주류(이화법, 이월 이화주, 단이화주) 3종에 집중되어 있고, 중양주에서는 이양주인 ‘향온주’ 1종뿐이다. 특히 다른 문헌의 ‘하향주’의 경우 밑술을 ‘구멍떡’으로 빚는 것이 일반적인데 반해 「음식절조」의 ‘하양주’는 밑술을 범벅으로 빚는다. 범벅 다음으로 빈도수가 높은 방법이 고두밥으로 빚는 술인데 전체 29종 가운데 9종(31%)을 차지한다. 고두밥으로 빚는 술은 단양주(과하주, 과하주 또한법, 감주 하주, 합주, 보리청주, (이화국)보리청주, 지주, 자하주)에 집중되어 있으며, 이러한 예는 다른 문헌에서는 자주 목격되지 않는다.

이 외에 나타나는 특징으로, 단양주에서 찹쌀을 사용한 경우 3종(과하주1, 과하주2, 자하주)이 있다. 이양주에서 덧술을 멥쌀고두밥으로 하는 경우는 사시주 1종으로 다른 문헌과 비교하였을 때 상대적으로 낮은 비율로 나타나고 있고, 이양주에서 덧술을 멥쌀과 찹쌀을 섞어 쓰고 진고두밥으로 하는 경우 1종(소곡주 옛법), 삼양주에서 덧술을 진고두밥으로 하는 경우 2종(백일주, 호산춘), 삼양주에서 멥쌀을 세 차례 사용한 경우 3종(삼해주, 별향주, 호산춘)으로 다양한 양주법을 나타내고 있다. 이것은 「음식절조」의 주품들이 철저하게 필요에 따른 목적과 용도에 의해 선택되고 전승 과정에서 오랜 양주 경험을 통해 변화를 거듭하면서 가문 비법의 주방문으로 정착된 술임을 알 수 있다.

떡 · 과자 · 연병

조리법은 10종으로 과줄법, 대약과, 중계, 연약과, 죽절과, 앵두편, 깨엿강정인 임자편, 강정, 조청, 특별히 꿀 만드는 법으로 찹쌀이나 찰기장쌀로 만든 조청에 대추고를 넣어 꿀맛이 나도록 숙성시키는 법을 소개하였다. 떡은 경단, 사삼편, 산약편, 토란편을 기록하였는데, 주로 뿌리녹말을 이용한 떡 위주로 안동 지역의 특산물을 활용한 떡을 소개하였다. 또 밀쌈의 일종인 연병류로 메밀연병, 밀고깔연병, 양연 등을 소개하였다.

통반 _ 보통의 상은 네모지게 다리가 네 개로 만드나 통반은 둥글게 나무를 켜서 가운데 중심에 둥근 테 같은 다리가 있게 만들며, 크기는 그리 크지 않다. 음식을 제대로 차려 내지 않을 때나 음료나·떡·과자·국수 등을 간단히 차려 낼 때 쓰이는 간편한 상이다.

과줄법 · 과줄[1]

연약과 흔 말 반쥭흐기의 淸[2]二升 모춤[3] 흐고 淸油[4] 七合 이득
흐고 지지는듸는 淸油 二升 吋淸[5]二升 드느니라

연약과 1말을 반죽하는 데 꿀 2되 조금 넘고 맑은 기름 7홉
이 들고 지지는 데는 맑은 기름 2되, 즙청 2되가 든다.

大藥果 · 대약과

ᄀ로 단말[6]의 淸 一斗 흑탕[7] 五升 淸油 말 아옷[8] 드느니라.

가루 5말에 꿀 1말, 조청 5되, 맑은 기름 1말 반이 든다.

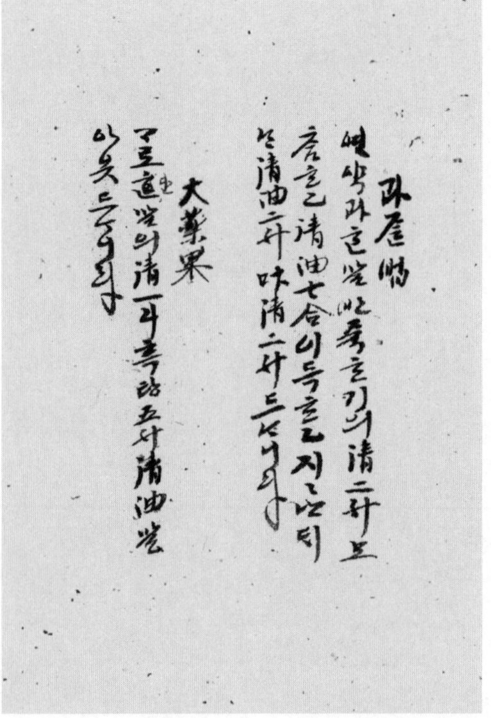

1 과줄: 밀가루를 꿀과 기름에 반죽하여 기름에 지진 유밀과
2 淸(청): 꿀
3 모춤(모춤)하다: 길이나 분량이 어떤 한도보다 조금 지나치다.
4 淸油(청유): 맑은 기름, 참기름
5 吋淸(즙청): 재우는 꿀(汁淸)의 오기
6 단말: 닷말, 다섯 말
7 흑탕: 조청
8 아옷: 가옷. 되나 말, 자를 셀 때 그 분량의 약 반에 해당하는 양의 단위를 나타내는 말

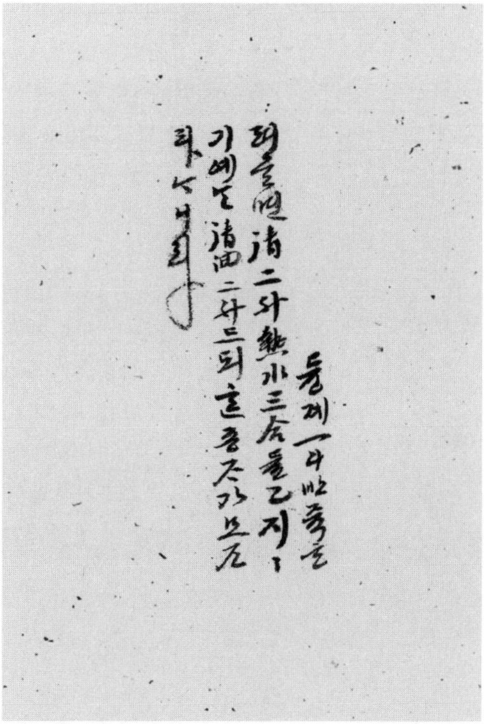

一斗 반쥭ᄒᆞ려 ᄒᆞ면 淸 二升 熱水[1] 三合 들고 지지기예ᄂᆞᆫ 淸油 二升 드되 ᄒᆞᆫ 종ᄌᆞ가 모ᄌᆞ라ᄂᆞ니라

1말을 반죽하려 하면 꿀 2되, 뜨거운 물 3홉이 들고, 지지는 데는 맑은 기름 2되가 드는데 1종지가 모자라게 든다.

1 熱水(열수): 뜨거운 물

軟藥果 · 연약과

眞末[1]을 만이 뇌야 一斗 반쥭의 淸 一升二合 眞油[2] 七合 너허 合ᄒᆞ면 반쥭이 심히 되니 겨유 아올나 밀기를 단단이 말고 셔벅셔벅ᄒᆞ게[3] ᄒᆞ야 믄드라 지지되 불을 너모 ᄊᆞ게도[4] 말고 ᄯᅳ게도[5] 말고 알마초 지져 ᄂᆡ여 즙淸을 먹인 후 몸이 식거든 반[6]의 ᄡᅵ노코 즙淸을 뭇쳐 바라고 胡椒와 栢子[7]를 가로 믠드ᄅᆞ ᄲᅥᆺ ᄂᆞ니라 졀되며 못되기는 젼혀[8] 반쥭과 지지기의 잇너니라

(체에) 많이 내린 (고운) 밀가루 1말 반죽에 꿀 1되 2홉, 참기름 7홉을 넣어 합하면 반죽이 아주 되니 겨우 어우러지면 밀기를 단단히 말고 서벅서벅하게 만들어 지진다. 불을 너무 세게도 말고 약하게도 말게 하여 알맞게 지져내어 즙청을 먹인 후, 몸(지져낸 약과)이 식거든 상에 떼어놓고 즙청을 묻혀 바르고 후춧가루와 잣을 가루로 만들어 뿌린다. 잘되고 못되기는 오직 반죽과 지지기에 있다.

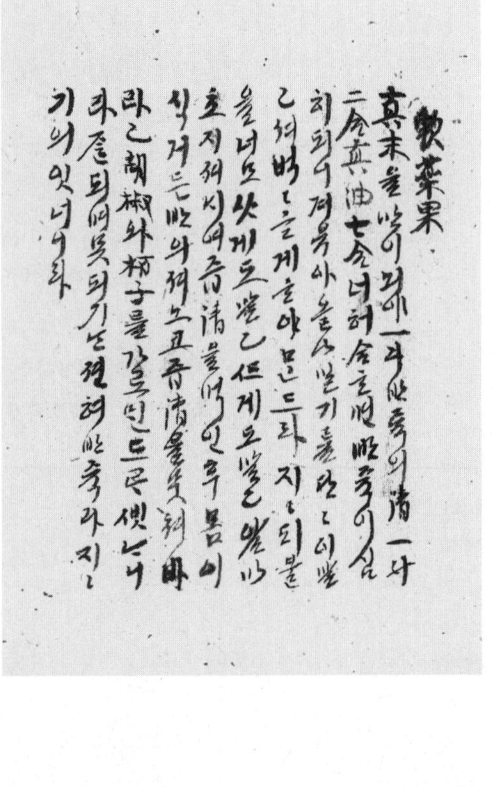

1 眞末(진말): 밀가루
2 眞油(진유): 참기름
3 서벅서벅하다: 가볍게 부스러질 만큼 무르고 부드럽다.
4 싸다: 불기운이 세다
5 뜨다: 불기운이 약하다
6 반(盤): 소반, 예반, 쟁반 따위를 통틀어 이르는 말
7 栢子(백자): 잣
8 전혀: 절대로, 완전히, 오직

둑절과 · 죽절과

眞末을 가놀게 뇌야 닷 되의 淸밀[1] 五合과 熟水 一種子 타 몬져 시험ᄒᆞ여 조곰 견ᄃᆡ[2]쳐로 부븨여 보아 수이 씻거지면 淸이 만흠이요 질긔면 물이 만흠이ᄂᆞ 일노 짐작ᄒᆞ여 알마초아 반쥭을 너모 눅게[3] 말고 얇게 밀허 졍이[4] 버혀 지져 노랏노랏ᄒᆞ거든 곳은 나모 안반의 식지를 펴고 잡으라 ᄃᆡ[5]예 반 남아 ᄊᆞ여야 조흐니라

밀가루 5되를 곱게 (체에) 내려 꿀 5홉과 뜨거운 물 1종지를 타서 먼저 시험 삼아 조금 (반죽하여) 견대처럼 비벼보아 쉽게 꺾어지면 꿀이 많은 것이고, 질기면 물이 많은 것이다. 이것으로 짐작하여 너무 눅지 않고 알맞게 반죽을 만들어 얇게 밀어 반듯하게 베어 지진다. 노릇노릇하거든 곧은 나무 안반에 식지를 펴고 (모양을) 잡는다. 대에 반 넘게 쌓여야 좋다.

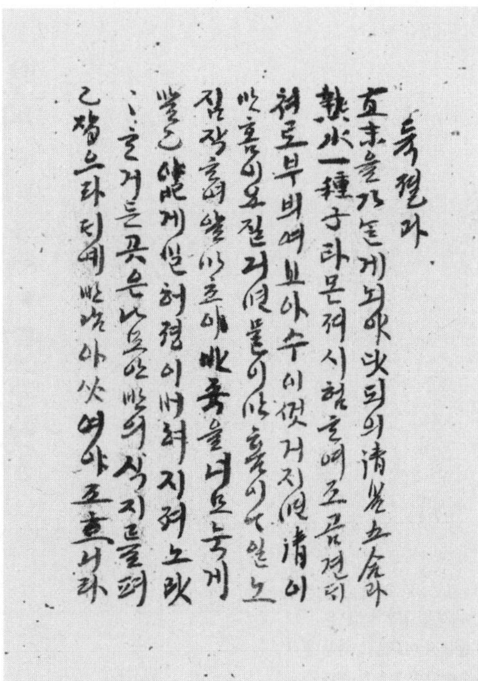

1 청밀: 꿀
2 견대(肩帶): 돈이나 물건을 넣어 허리에 매거나 어깨에 두르기 편하도록 만든 자루
3 눅다: 반죽 따위가 무르다
4 정이: 정히, 바르게, 반듯하게
5 대: 약과나 산자 등을 보기 좋게 쌓을 때 흐트러지는 것을 방지하는 틀

잉도편 · 앵두편

잉도ᄅᆞᆯ 됴히 씨셔 익게 ᄉᆞᆯ마 쥭 갓거든 쳬예 밧타 잉도 ᄒᆞᆫ 말의 쳥밀 셔되 ᄒᆞᆫᄃᆡ 쓸혀 ᄀᆞᆺ풀[1] 갓거든 ᄂᆡ야 셔늘ᄒᆞᆫ 후 ᄇᆡᆨ뵈예 바둑 ᄀᆞ티 써 노하 쓰라

앵두를 깨끗이 씻어 익게 삶아 죽 같거든 체에 밭친다. 앵두 1말에 꿀 3되를 한데 끓여 갓풀 같거든 내어 서늘하게 식힌 후 흰 베보자기에 바둑(알)같이 떠놓아 쓴다.

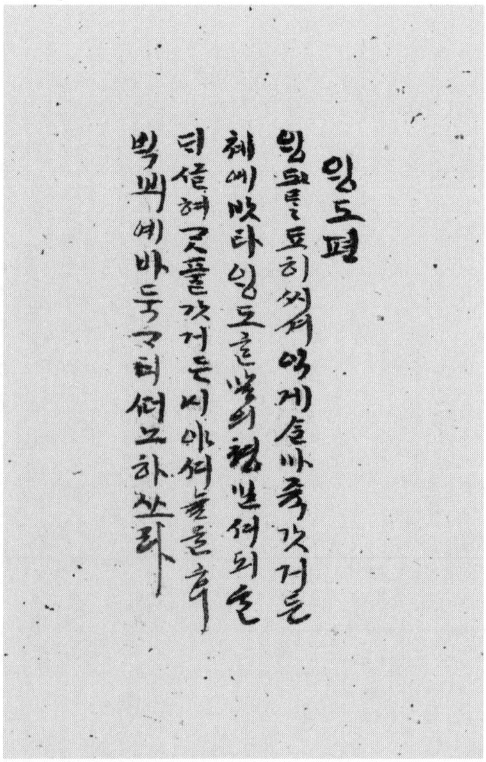
잉도편
잉도ᄅᆞᆯ 됴히 씨셔 익게 ᄉᆞᆯ마 쥭 갓거든
쳬예 밧타 잉도 ᄒᆞᆫ 말의 쳥밀 셔되 ᄒᆞᆫ
ᄃᆡ 쓸혀 ᄀᆞᆺ풀 갓거든 ᄂᆡ야 셔늘ᄒᆞᆫ 후
ᄇᆡᆨ뵈예 바둑 ᄀᆞ티 써 노하 쓰라

1 갓풀: 가죽을 붙일 때 쓰는 풀로 동물성 아교질로 만든다. 끈끈하고 아주 되직한 형태이다.

荏子鳊 · 임자편
깨엿강정

白眞荏[1]을 실ᄒᆞ야[2] 알마초 복가 식혀 청밀되게 돌혀 고로고로 석거 박산단[3]의 박아 버혀 쓰라

흰 참깨를 껍질을 벗겨 알맞게 볶아 식힌다. 꿀을 되직하게 끓여 고루고루 섞어 박산 틀에 박아 베어 쓴다.

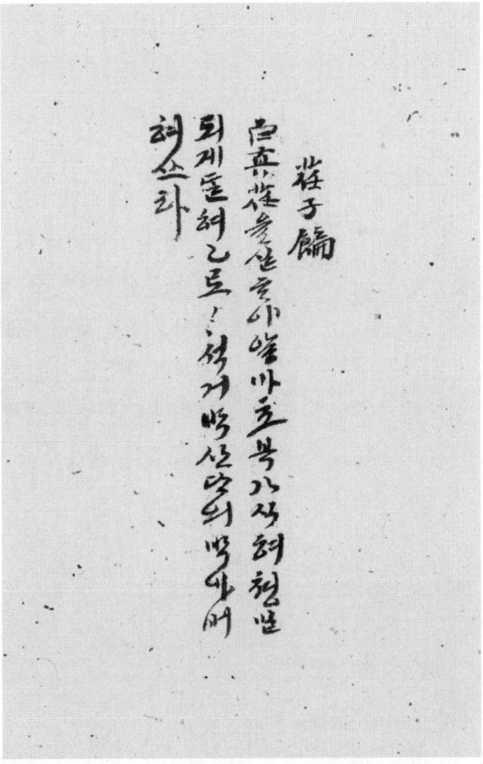
荏子鳊
白眞荏을 실ᄒᆞ야 알마초 복가 식혀 청밀
되게 돌혀 고로고로 석거 박산단의 박아 버
혀 쓰라

1 백진임(白眞荏): 참깨
2 실하다: 깨 등을 물에 불려서 껍질을 벗기다
3 박산단(薄散團): 박산 틀. 박산은 꿀이나 엿에 버무린 산자밥풀로 튀밥, 잣을 틀에 굳혀내어 얇게 썬 과자이다.

강뎡 · 강정

물 인ᄂᆞᆫ 논의 조흔 ᄎᆞᆸᄊᆞᆯ을 졍히 ᄀᆞᆯᄒᆡ여 ᄆᆞ니씨셔 ᄃᆞᆺ 되를 ᄃᆞᆷ으면 상슐이나 박쥬[1]나 ᄒᆞᆫ 복ᄌᆞ만 ᄊᆞᆯ ᄃᆞ문 믈의 타셔 ᄃᆞᆷ으고 담은 항부리ᄅᆞᆯ ᄃᆞᆫᄃᆞᆫ히 ᄊᆞᄆᆡ야 두엇ᄃᆞ가 밧브면 다엿ᄉᆡ의도 ᄒᆞ고 이칠[2]이나 두엇다가 ᄒᆞ여도 그도 ᄒᆡ롭지 아니니라 바ᄅᆞᆷ 드디 아니케 ᄀᆞᄅᆞ 찌어 반쥭을 소쥬의 ᄒᆞ되 뭉쳐노흐면 절노 흘너지게 눅으시 ᄒᆞ야 솟두에예 찌ᄃᆡ ᄒᆞᆫ 모ᄐᆡ롤 ᄒᆞᆫ 솟밥지이 만ᄒᆞ게 쪄 ᄆᆞ이 쳐 ᄊᆞ흐라 ᄌᆞ로 뒤이져 잘 말늬야 니ᄊᆞᆯ[3] ᄀᆞᆯᄂᆞᆯ ᄆᆞ아 후 진ᄀᆞᆯᄂᆡ 무더 졀노 누긋누긋하야 휘듯거든 眞油의 ᄃᆞᆷ가 뎐쳐로 ᄃᆞᄉᆞᆫ 기름의 ᄃᆞᆷ가 눅여 퉁노고 두에예셔 반이나 붓거든 불을 소소혀[4] ᄊᆞᆯ혀 고로고로 져으면 잘 닐어 빗도 곱고 됴흐니라 방문쥬의나 소쥬의 ᄒᆞ라 술이 ᄆᆡ와야[5] 크게 니ᄂᆞ니라[6]

물이 있는 논에서 (재배한) 좋은 찹쌀을 여러 번 깨끗이 씻어 5되를 담고 보통의 술이나 맛이 좋지 못한 술 1복자만 쌀을 담은 물에 타서 담근다. 담은 항아리 부리를 단단히 싸매어 두는데, 바쁘면 5~6일 후도 좋고 14일을 두었다가 하여도 해롭지 않다. 바람이 들지 않게 가루로 찧어 반죽을 소주에 하되 뭉쳐놓으면 절로 흐물거리면서 눅눅하게 된다. 솥뚜껑에 찔 때 한 덩어리를 한 솥밥 지을 만하게 찐다. 많이 쳐서 썰어 자주 뒤집으면서 잘 말린다. 찹쌀가루를 빻은 후에 밀가루에 묻혀 저절로 누긋누긋하게 휘어지거든 참기름에 담가 (마르기) 전처럼 따뜻한 기름에 담가 눅게 한다. 노구 뚜껑에서 반 정도 불어나거든 불을 세게 끓여 고루 저으면 잘 일어나며, 빛도 곱고 좋다. 방문주나 소주에 하면 술이 독해야 크게 부푼다.

1 박주(薄酒): 맛이 좋지 못한 술
2 이칠: 14일
3 니쌀: 찹쌀
4 소소혀: 솟구쳐, 급격히 세게 솟아오르다
5 술이 맵다: 술 알코올 도수가 높다
6 니다: 일다, 부풀다

강령

를션논의조흔倉俗을졍히ᄀᆞᆫ희여
므니ᄊᆡ여도ᄒᆡ를돈으면상숣ᄋᆞ하
박주나흔보ᄀᆞ조바ᄯᆞ도문의디여든
을말은ᄒᆞᆫᄂᆡ부리로돈ᄂᆞ이삿미ᄂᆞ즉
벗ᄒᆞ기ᄲᆞ브면라ᄯᆞ서의도ᄒᆞᆫ이칠
이나두엇ᄒᆞ가ᄒᆞᆫ여도그도희롱지어
나ᄅᆞ라바롬드리이아깨마른ᄉᆡ어ᄲᆞ죽
울소즁의ᄒᆞᆫ퇴무쳐노ᄒᆞ면렬노흘녀
지게누우시ᄒᆞᆫ옷도에예ᄲᅧ디ᄒᆞᆫ도티
르ᄂᆞᆫ흔옷ᄲᆡ지이ᄲᅡᄒᆞᆫ게ᄲᅧᄂᆞ이채쏫흔
다즐로뒤이져잘ᄆᆞᆯ뇌ᄋᆞᆫ나앎흔녑ᄂᆞ아
훅진글시무러졍그누ᄃᆞᆫᄒᆞᆫᄋᆞᆫ휘돗거
든ᄎᆞ油의돈가련詩로도ᄉᆞ기ᄅᆞᆷ의돗가누
여둥노쿄두에예ᄲᅧᄲᅡ이나붓거든불
울소ᄂᆞᆫ쳐倍혀고로ᄋᆡ져으면잘ᄆᆞᆯ어
빗토곱ᄂᆞ됴흐니라ᄲᆞ몰측의ᄂᆞ조개
의ᄒᆞᆫ라숌이믜와ᄋᆞᆫ조제니ᄂᆞ니라

경단 · 경단

赤豆[1] 무르게 고아 범벅 갓거든 물긔 업시 걸너 보자의 ᄶᆞ되 淸油 복가 두고 粘米[2] 作末[3]ᄒᆞ야 熱水[4]의 버력[5] 비져 솔머 ᄂᆡ여 식지 안녀셔 ᄭᅮᆯ 늘워 그져야 팟ᄀᆞᄅᆞᆯ 뭇치라

붉은팥을 무르게 고아 범벅같이 되면 물기 없이 걸러 보자기에 짜서 맑은 기름에 볶아둔다. 찹쌀을 가루로 만들어 뜨거운 물로 주물러 빚어 삶아내고, 식기 전에 꿀을 바르고 나서 팥가루를 묻힌다.

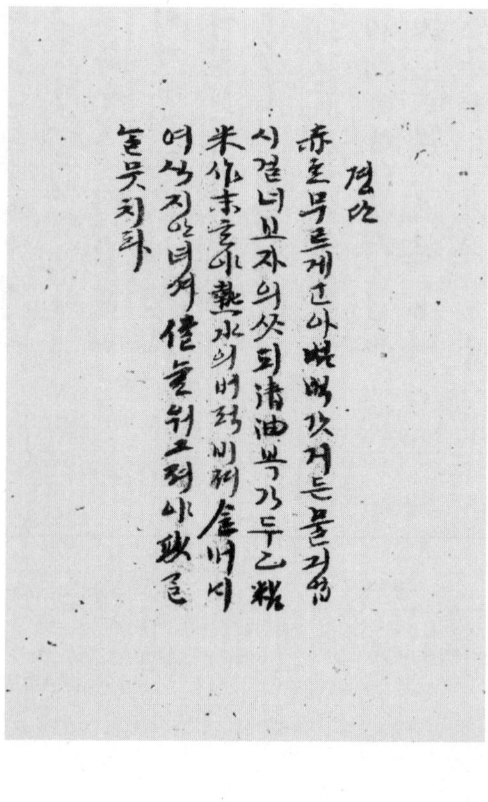
경단
赤豆무르게고아범벅갓거든물긔업
시걸너보자의ᄶᆞ되淸油복가두고粘
米作末ᄒᆞ야熱水의버력비져솔머ᄂᆡ
여식지안녀셔ᄭᅮᆯ늘워그져야팟ᄀᆞ
ᄅᆞᆯ뭇치라

1 赤豆(적두): 붉은팥
2 粘米(점미): 찹쌀
3 作末(작말): 가루로 만들다
4 熱水(열수): 뜨거운 물
5 버력: 빨래 따위를 세게 마구 주무르는 모양

토란편 · 토란편

토란을去皮 실ᄂᆡ[1] ᄆᆞᆺ ᄶᅵ ᄃᆞᆺ 가장 무르게 ᄶᅧ 졀구의 오ᄅᆡ 찌흐면 ᄎᆞ져 술흐로 ᄒᆞ니 그ᄅᆞ시 ᄂᆡ야 노코 손 ᄭᅳᆺᄐᆡ ᄭᅮᆯ을 무쳐가며 밤소를 너허 단ᄌᆞ만콤 비져 ᄭᅮᆯ 무텨 밤ᄀᆞᄅᆞ 므티 ᄃᆞᆯ고 조흐니라

토란을 껍질 벗겨 시루에 마를 찌듯 매우 무르게 쪄 절구에 오래 찧으면 차진다. 숟가락으로 떠서 그릇에 내어놓고, 손끝에 꿀을 묻혀가며 밤소를 넣어 단자만큼 빚어 꿀을 묻혀 밤가루를 묻히면 달고 좋다.

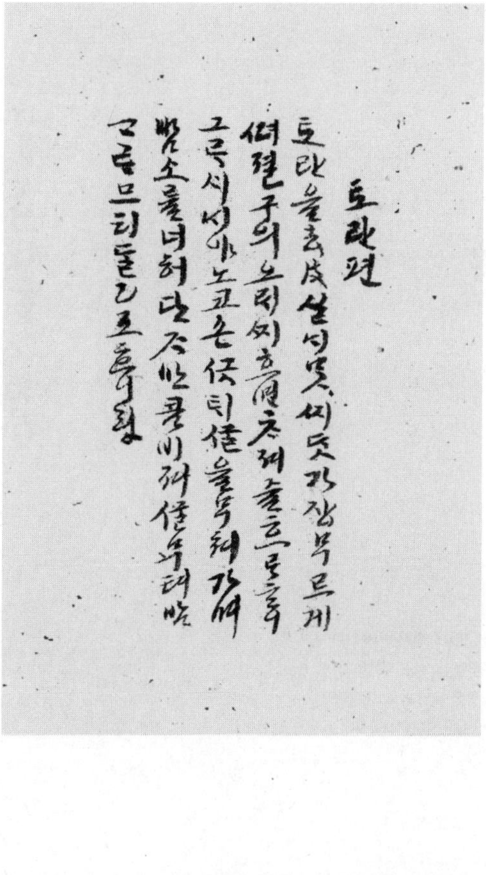
토란편
토란을去皮실ᄂᆡᄆᆞᆺᄶᅵᄃᆞᆺ가장무르게
ᄶᅧ졀구의오ᄅᆡ찌흐면ᄎᆞ져술흐로ᄒᆞ
니그ᄅᆞ시ᄂᆡ야노코손ᄭᅳᆺᄐᆡᄭᅮᆯ을무쳐가며
밤소를너허단ᄌᆞ만콤비져ᄭᅮᆯ무텨밤
ᄀᆞᄅᆞ므티ᄃᆞᆯ고조흐니라

1 실내: 시루

샤ᄉᆞᆷ편 · 사삼편

더덕산승

生더덕 去皮[1] 陰乾ᄒᆞ야 셰말ᄒᆞ야 紙囊[2]의 너허 두고 ᄡᅳᆯᄶᅧᆨ마다 粘米 ᄀᆞ로 반을 셕거 ᄭᅮᆯ의 마ᄅᆞ 산승[3] ᄆᆞᄃᆞᄅᆞ 기름의 지져 더운 김의 ᄭᅮᆯ 눌워 쓰라

생더덕을 껍질 벗겨 그늘에 말려 곱게 가루를 내어 종이 주머니에 넣어둔다. 쓸 때마다 찹쌀가루 반을 섞어 꿀에 반죽하여 산승을 만들고, 기름에 지져 더운 김에 꿀을 발라 쓴다.

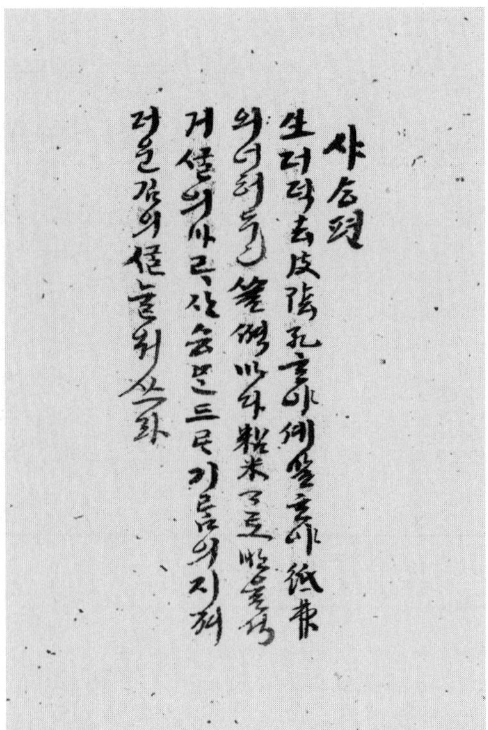
샤ᄉᆞᆷ편
生더덕去皮陰乾ᄒᆞ야셰말ᄒᆞ야紙囊
의너허두고ᄡᅳᆯᄶᅧᆨ마다粘米ᄀᆞ로반을셕
거ᄭᅮᆯ의마ᄅᆞ산승ᄆᆞᄃᆞᄅᆞ기름의지져
더운김의ᄭᅮᆯ눌워쓰라

1 去皮(거피): 껍질을 제거하다.
2 紙囊(지낭): 종이 주머니
3 산승: 뿔 모양으로 둥글게 빚어 기름에 지져낸 떡

生마흘 벗겨 엷게 졈혀 말뢰여 세말ᄒᆞ여 출쏠ᄀᆞ로와 반이 되게 셧거 쳥밀의 마라 졀편쳐로 ᄆᆡᆫ드라 기름의 지져 쑬 뭇쳐 호초 ᄇᆡᆨᄌᆞ 세말 ᄒᆞ여 므터 쓰라

생마를 벗겨 얇게 저며 말려서 곱게 가루를 낸다. 찹쌀가루와 반이 되게 섞어 꿀로 반죽하여 절편처럼 만들어 기름에 지진다. 꿀을 묻혀 후춧가루와 잣을 곱게 가루 내어 묻혀 쓴다.

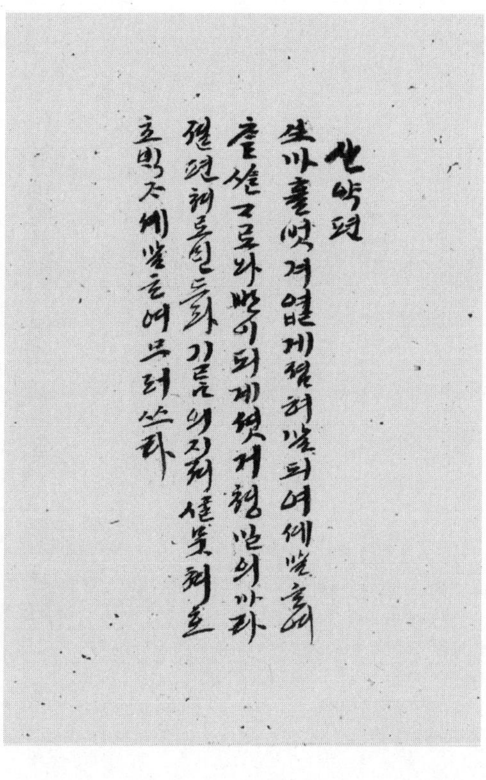

모밀연병[1] · 메밀연병

묵지 아니ᄒᆞ고 조흔 모밀ᄊᆞᆯ을 물의 담가 무르게 붓거든 ᄀᆞ라 쳬예 툭툭 쳐가며 바ᄐᆞ 거루고 눅고 되기 밀젼병 진 것 맛치 ᄒᆞ야 작작[2] 고이[3] 줄 붓쳐 ᄑᆞᆺ 소 너허 쓰되 겨피말 녀허 쓰면 조코 치소 약념 ᄀᆞ초아도 조흐니라

묵지 않고 좋은 메밀쌀을 물에 담가 무르게 불으면 갈아 체에 툭툭 쳐가며 밭쳐 거른다. 눅고 되기는 밀전병 갠 것만큼 하여 작작 고이 잘 부쳐 팥소를 넣어 쓰되, 계핏가루를 넣어 쓰면 좋고 채소를 양념하여 (소로 넣어도) 좋다.

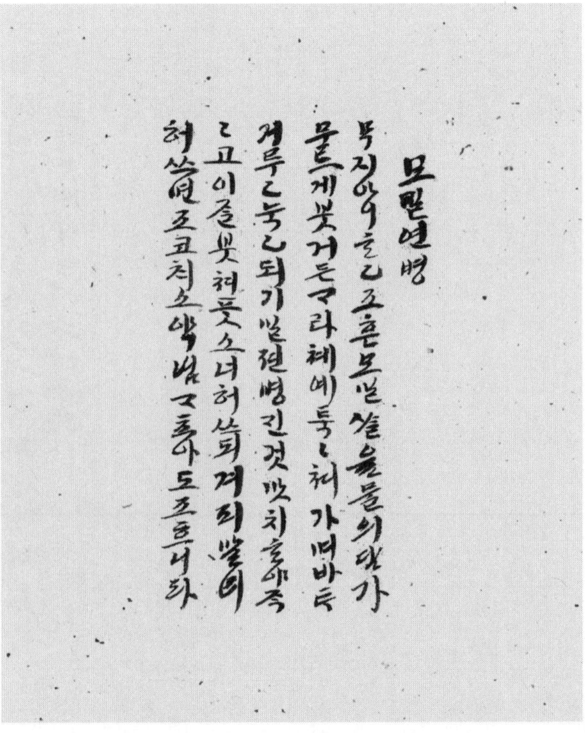
모밀연병
묵지아니ᄒᆞ고조흔모밀ᄊᆞᆯ을물의담가
무르게붓거든ᄀᆞ라쳬예툭툭쳐가며바ᄐᆞ
거루고눅고되기밀젼병진것맛치ᄒᆞ야작
작고이줄붓쳐ᄑᆞᆺ소너허쓰되겨피말녀
허쓰면조코치소약념ᄀᆞ초아도조흐니라

1 연병: 밀 또는 메밀을 전병으로 부쳐 소를 넣어 말아 싼 음식
2 작작: 너무 지나치지 아니하게 적당히
3 고이: 겉모양 따위가 보기에 산뜻하고 아름답게

밀곳갈연병 · 밀고깔연병

밀ᄀᆞ로 ᄆᆞ니 ᄀᆞᄂᆞ리 뇌야 ᄃᆞᆰ의알 노른ᄌᆞ의 예초[1] 반쥭ᄒᆞ야 엷게 밀어 네모 반듯반듯 버혀 소ᄅᆞᆯ ᄡᅳ되 만두소갓치 너코 소ᄀᆞ음[2]은 ᄉᆡᆼ티[3]가 조커니와 ᄉᆡᆼ치 업거든 익은 뎌육이나 두드려[4]ᄉᆡᆼ강 파 ᄌᆞᆺ 호초ᄀᆞᄅᆞᆯ 너허 복가 싸 형상을 삼각산쳐로 두부리를 거두어 ᄭᆡᆨ기젹삼[5] 덥닷 마조 붓치면 마티 곳[6] ᄀᆞᄐᆞ니 데텨 초지령[7]의 약념 너허 먹으면 맛시 긔졀하고 츈ᄒᆞ츄 셰졀의 조흐니라

밀가루를 많이 곱게 (체에) 내리고 미리 달걀노른자로 반죽하여 얇게 밀어 네모반듯하게 썬다. 소를 넣어 싸되 만두소같

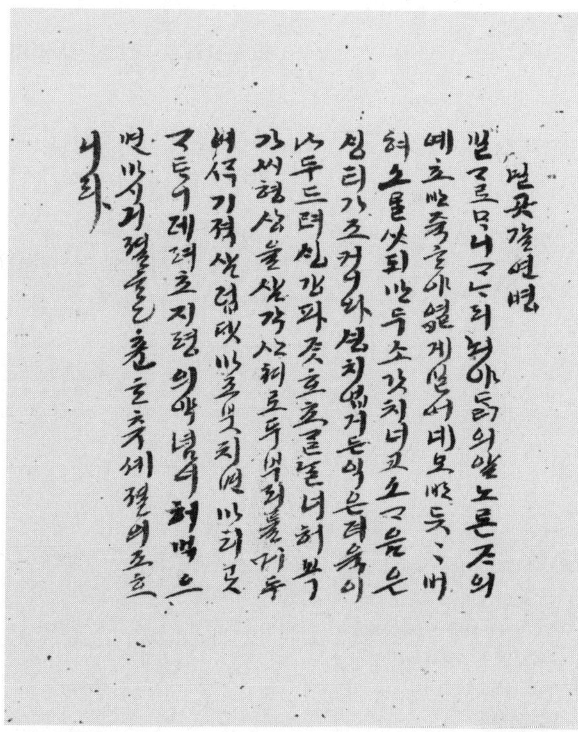

1 예초: 애초, 맨 처음
2 소가음: 소감(소의 재료)
3 생티, 생치: 꿩
4 두드리다: 다지다
5 깨끼적삼: 안팎 솔기를 발이 얇고 성긴 깁을 써서 곱솔로 박아 지은 겹옷
6 곳: 승려나 무당, 농악대들이 머리에 쓰는 위 끝이 뾰족하게 생긴 모자
7 초지령: 초간장

이 넣고, 소 재료는 꿩이 좋지만 꿩이 없으면 익힌 제육을 다져서 생강, 파, 잣, 후춧가루를 넣어 볶아 싼다. 형상을 삼각산처럼 두 부리를 거두어 깨끼적삼 덮듯이 마주 붙이면 마치 고깔 같으니, 데쳐서 초간장에 양념을 넣어 먹으면 맛이 아주 좋고, 봄·여름·가을 세계절에 좋다.

* 지금의 편수와 같은 모양으로 얇게 만든 만두피를 네모지게 썰어 양쪽 귀를 맞잡아 한 곳으로 모으고, 서로 맞닿는 면을 붙여 오므려 빚는 방법을 깨끼적삼 바느질법으로 설명하였다.

조청 · 조청

ᄎᆞᆯ기장ᄊᆞᆯ ᄒᆞᆫ 말 ᄇᆡᆨ셰[1]ᄒᆞ야 닉(게) ᄶᅧ 엿기름ᄀᆞ로 셔 홉 누룩가로 두 홉 밥이 식지 아냐셔 항의 너허 아ᄅᆡ묵의 두엇ᄃᆞ가 삭은 후 드리워[2] 불 ᄊᆞ게 말고 만화[3]로 달혀 ᄎᆞᆫ물의 ᄉᆞᆯ노 ᄯᅥ 드리워 가ᄃᆞ(ᄅᆞ)안ᄌᆞ면 즉시 퍼ᄂᆡ야 버드남그로 뎌으면 ᄇᆡᆨ쳥[4]이요 무프레로 뎌으면 황쳥[5]이 되ᄂᆞ니라

찰기장쌀 1말을 여러 번 씻어 익게 쪄 엿기름가루 3홉과 누룩가루 2홉을 밥이 식기 전에 항아리에 넣고 아랫목에 두었다가 삭은 후 거른다. 불을 세게 말고 약한 불에 달여 숟가락으로 떠 찬물에 떨어뜨려 가라앉으면 즉시 퍼낸다. 버드나무로 저으면 백청이고, 물푸레나무로 저으면 황청이 된다.

1 백세(百洗): 여러 번 깨끗이 씻어
2 드리우다: 흘러내리다, 거르다
3 만화(慢火): 약한 불, 약하지만 끊이지 않고 꾸준히 타는 불
4 백청: 흰꿀
5 황청: 누런꿀

초쳥

ᄎᆞᆯ기장ᄡᆞᆯ 닷말 ᄇᆡᆨ셰ᄒᆞ야 ᄂᆡ여 엿기ᄅᆞᆷ ᄀᆞ
로 셔홉 누록ᄀᆞ로 두홉 ᄡᆞᆷ이 식지 아
니셔 항의 너허 아ᄅᆡ목의 두엇다가 삭
은 후 드리워 ᄇᆞᆰ게 ᄡᆞᆯ그ᄆᆞᆫ 화로 달
혀 ᄎᆞᆫ믈의 ᄎᆞᆷ노 셔드리워 ᄀᆞ두 안ᄌᆞ면 즉
시 퍼니여 버드나모 그ᄅᆞ로 ᄃᆡ오ᄅᆞ면 ᄇᆡᆨ쳥이오 무
르게 ᄃᆡ오ᄅᆞ면 황쳥이 되ᄂᆞ니라

醋ᄆᆡᆫ드ᄂᆞᆫ법

춘ᄉᆞᆯ이나 춘기장ᄉᆞᆯ이나 ᄒᆞᆫ ᄡᆞᆯ올 ᄆᆡ이
희게 ᄡᆞᆯ허 ᄇᆡᆨ셰ᄒᆞ야 ᄡᆞᆯ올 ᄯᅧ 더운 김
의 엿기름 가ᄅᆞ ᄒᆞᆫ 되과 졍화슈 엿 되
예 프러ᄂᆞᆫ ᄒᆞᆷ의 너허 더운 ᄇᆞᆼ의 두되
겨울이면 초ᄒᆞᆫ드로 둘러 우러 ᄊᆞ지 두
르고 여름이면 초ᄒᆞᆫ드로 평면 갑지 두어
다가 구ᄂᆞᆫ 뫼 잘 너ᄉᆞᆺ ᄉᆞᆺ 벌의 너코 조흔 디
초를 씨ᄡᆞᆯ 뇌 뵈 ᄯᅥᆨ 흐ᄅᆞᆯ 너허 ᄎᆞᆺ
티 ᄎᆞ둥ᄒᆞ야 좌 초가 ᄂᆞᆨ는 물 리어 지거든
변을 ᄡᅥᆷ어 지로 부리ᄯᅮ든 ᄂᆞ이 ᄉᆞᆺ미
ㄷ ᄉᆞ리로 ᄂᆞ 흘 더 퍼 ᄯᅧ 히 깁 지 무ᄃᆞ
ᄅᆞ가 ᄉᆡᆨ실 ᄒᆞᆫ지 ᄂᆞᆫ 후 ᄃᆡ면 醋이 되ᄂᆞ
니라

쑬 ᄆᆡᆫᄃᆞᄂᆞᆫ 법 · 꿀 만드는 법

ᄎᆞᆯᄡᆞᆯ이나 ᄎᆞᆯ기장ᄡᆞᆯ이나 ᄒᆞᆫ 말을 ᄆᆡ이 희게 ᄡᅳᆯ허[1] ᄇᆡᆨ셰ᄒᆞ야 밥을 ᄶᅧ 더온 김의 엿기롬가ᄅᆞ ᄒᆞᆫ 되과 정화슈 엿 되예 골ᄂᆞ ᄉᆞ항[2]의 너허 더온 방의 두ᄃᆡ 겨울이면 초혼[3]으로 ᄃᆞᆰ우리ᄭᆞ지 두고 여름이면 초혼으로 평명[4]가지 두어다가 ᄀᆞᄂᆞᆫ 뵈잘ᄂᆡ ᄧᆞ ᄉᆞ병[5]의 너코 조흔 ᄃᆡ초를 씨 발ᄂᆞᄇᆞ리고 닷 홉을 너허 솟틔 즁텽ᄒᆞ야 ᄃᆡ초가 녹난 뭉긔여 지거든 병을 ᄂᆡ여 유지로 부리를 ᄃᆞᆫᄃᆞᆫ이 ᄊᆞᄆᆡ고 ᄉᆞ긔로 우흘 더퍼 ᄯᆞ희 깁ᄀᆡ 무덧ᄃᆞ가 삼십일 지ᄂᆞᆫ 후 ᄂᆡ면 쑬이 되ᄂᆞ니라

찹쌀이나 찰기장쌀 1말을 매우 희게 쓸어 깨끗이 씻어 밥을 찐다. 더운 김에 엿기름가루 1되와 정화수 6되에 고루 섞어 사기 항아리에 넣어 더운 방에 둔다. 겨울에는 해 질 녘부터 닭이 울 때까지 두고 여름이면 해 질 녘부터 해 뜰 무렵까지 두었다가 고운 베자루에 짜서 사기병에 넣는다. 좋은 대추는 씨를 발라 버리고 5홉을 넣어 솥에 중탕한다. 대추가 잘 익어 뭉그러지면 병을 꺼내 유지로 부리를 단단히 싸매고, 사기그릇으로 위를 덮어 땅에 깊이 묻었다가 30일 지난 후에 내면 꿀이 된다.

1 쓿다: 거친 쌀, 조, 수수 따위의 곡식을 찧어 속꺼풀을 벗기고 깨끗하게 하다.
2 사항(砂缸): 사기 항아리
3 초혼(初昏): 해가 지고 처음으로 어두워 올 때
4 평명(平明): 아침 해가 뜨는 시각(時刻). 해가 돋아 밝아 올 무렵
5 사병(砂甁): 사기로 만든 병

찬물

반찬류인 찬물류의 조리법은 총 19종을 기록하였는데 찜과 느르미, 전유어, 편육, 탕, 적, 선 그리고 잡채 등 다양한 조리법의 별미 음식을 살펴볼 수 있다. 우선 찜은 붕어찜, 제육황육가리찜, 해삼찜, 선지찜 등을 소개하였는데, 특히 선지찜은 생골과 선지의 특징을 살려 엉기게 조리한 것으로 동시대의 다른 조리서에서는 찾아볼 수 없는 음식이다. 탕은 제육탕, 게탕, 굴탕, 칠게탕, 무로기탕, 간막이탕 등을 소개했으며, 이 중 무로기탕은 소고기완자탕으로 지금의 신선로에 가까운 음식으로도 볼 수 있다. 그 외에 동아느름, 양전유어, 간전유어, 족편, 저편, 머리골적, 동아선, 배추선, 잡채를 소개하였다.

쟁개비 _ 냄비의 원래말로 솥보다는 작으며 부뚜막에 고정시키지 않고 화로에 얹어 찌개나 찜, 조림 등을 할 수 있다. 재질은 쇠, 놋, 돌로 만들고 크기가 다양하며, 뚜껑이 있고 솥처럼 깊지 않은 모양을 지녔다. 만드는 음식에 따라 냄비의 크기를 정하여 쓴다. 들어서 불에서 낼 수 있게 손잡이가 양옆에 달렸거나, 나무나 쇠로 손잡이를 달았다.

붕어ᄶᅵᆷ · 붕어찜

붕어ᄶᅵᆷ 소훌 ᄃᆞᆰ이ᄂᆞ 싱치ᄂᆞ ᄒᆞ면 유활[1]ᄒᆞ야 조커니와 업시면 황육[2]으로 ᄒᆞ되 별노 ᄂᆞ르니 두드려 기ᄅᆞᆷ장 치고 파 ᄆᆞᄂᆞᆯ 호초ᄀᆞᄅᆞ ᄒᆞ고 진말 너코 鷄卵을 ᄃᆞᆰᄃᆞᆰ ᄀᆡ야 너흐되 소히 즈즐그러 히지고 ᄶᅧᆨ ᄲᅦ질듯ᄒᆞ게 너허야 소히 부드럽고 지지기[3]ᄅᆞᆯ 노고[4] 바ᄃᆞᆨ의 슈슈 ᄯᅵᄂᆞ ᄊᆞ리ᄂᆞ 펴고 붕어가 크건 기ᄅᆞᆷ을 자근 종ᄌᆞ로 반이ᄂᆞ 쳐 ᄭᅵ 지지되 국을 졔물이 넉넉이 ᄌᆞᆷ기게 ᄒᆞ여 붓고 ᄀᆞᄅᆡ내 업시 ᄒᆞᆫ소금 ᄭᅳᆯ혀 내면 조코 혹 훗국을 ᄒᆞ여 붓거ᄂᆞ 훗기ᄅᆞᆷ을 치거ᄂᆞ ᄒᆞ면 마시 업셔ᄂᆞ니 부ᄃᆡ 아이의 국을 마초아 ᄒᆞ여야 조흐니라

붕어찜 소를 닭이나 꿩으로 하면 유활하여 좋으나 없으면 소고기로 한다. 따로 부드럽게 다져 기름장을 치고 파, 마늘, 후춧가루, 밀가루를 넣고 달걀을 닥닥 개어 (붕어 배 속에) 넣는다. 소를 좀 질게 해서 바로 삐쳐나올 듯하게 넣어야 속이 부드럽다. 지질 때는 솥 바닥에 수숫대나 싸리를 펴고 붕어가 크면 기름을 작은 종지로 반 정도 쳐서 오래 지진다. 국물을 제 몸이 넉넉히 잠기도록 붓고 가루 냄새가 없도록 한소끔 끓여내면 좋다. 간혹 나중에 국을 하여 더 붓거나 기름을 나중에 더 치거나 하면 맛이 없어지니 부디 아예 국물을 맞춰 하여야 좋다.

1 유활하다: 부드럽고 매끈하다
2 황육: 소고기
3 지지다: 국물을 조금 붓고 끓여 익히다.
4 노고: 솥

붕어띰

붕어ᄉᆡᆼ 조흔 ᄃᆞᆰ이ᄉ 상치ᄒᆞ면 우활
ᄒᆞ야 조키와 연시면 항 우으로 ᄒᆞ되
별노 누르너 두드려 기름장 치ᄂᆞᆫ 파 믄 날
호초 ᄀᆞ르 ᄒᆞᆫ 진 ᄀᆞᆯ 너코 錯卵 ᄀᆞᆯ 드려 ᄀ
리 싸 너흐되 소 히 조흔 그러 히지ᄂᆞᆫ ᄉᆡᆨ ᄉᆡᆨ
질 듯ᄒᆞᆫ 게 너히야 소히 부드럽ᄀᆡᆫ 지ᄂᆞᆫ 기
름노고 ᄡᆞ둑의 ᄉᆞ ᄉᆞᆷ ᄊᆞ리ᄉ 편 붕
어가 크건 기름을 자근 종ᄌᆞ로 ᄆᆞ이ᄉ 희
시 진 되 국을 졔 물이 엇 ᄋᆞ이 ᄌᆞᆷ기게
ᄒᆞ여 붓ᄂᆞᆫ ᄆᆞ 티에 엿ᄉᆞ흔 소금 셕 혀 내면
조코 혹 ᄒᆞᆺ 국을 ᄒᆞ여 붓거ᄉ ᄒᆞᆺ 기름을
치거ᄉ ᄒᆞ면 ᄡᆞ시염 ᄒᆡᆨ 너부 디 ᄋᆞ이의 국
을 ᄡᆞ ᄒᆞ야 ᄒᆞᆫ 여야 조흐니라

뎌육황육가리찜 · 제육찜, 황육찜, 갈비찜

ᄉᆞᆯ문 뎌육을 뎜여 지령 기ᄅᆞᆷ ᄉᆡᆼ강 파 호초 마ᄂᆞᆯ ᄶᅵ소금을 섯거 양푼의 담아 듕탕ᄒᆞ야 녹난[1]토록 ᄣᅵ면 조코 황육도 이리 ᄒᆞ야 ᄣᅵ면 됴코 가리[2]도 무르게 ᄉᆞᆯ마 약념 이되로 ᄒᆞ야 ᄣᅵ면 조흐니라

삶은 돼지고기를 저며 간장, 기름, 생강, 파, 후춧가루, 마늘, 깨소금을 섞어 양푼에 담아 중탕하여 잘 익도록 찌면 좋다. 소고기도 이리하여 찌면 좋고, 갈비도 무르게 삶아 양념을 이대로 하여 찌면 좋다.

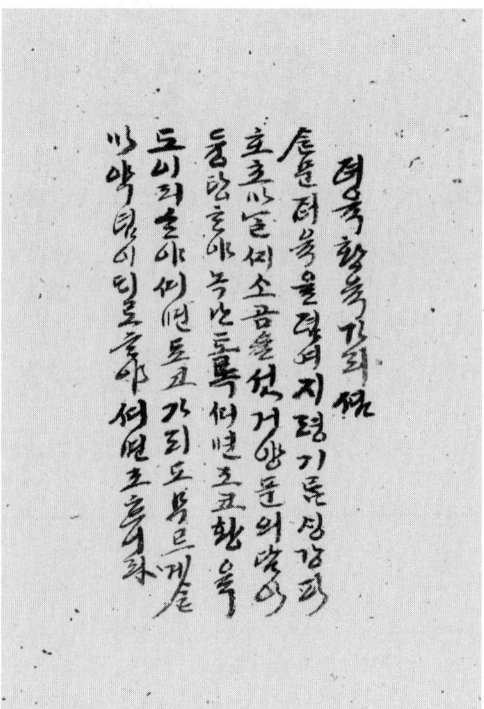

1 녹난(濃爛): 농란하다, 잘 익은 상태
2 가리: 갈비

ᄒᆡ솜찜 · 해삼찜

ᄒᆡ솜을 므르게 솖마 기름쟝국 쳐 물이 ᄆᆞᄅᆞ도록 붓쳐니야 크거든 셰ᄒᆡ식 둘ᄒᆡ식 버혀 싱치소나 황육소나 두드려 냑념 잘 ᄒᆞ여 너코 녹말 뭇치고 그 우희 鷄卵 무쳐 지져 즙 만나게 ᄒᆞ여 쓰ᄂᆞ니라

해삼을 무르게 삶아 기름, 장국을 쳐 물이 마르도록 불린다. (불린 해삼이) 크면 셋씩 둘씩 베어 꿩 소나 소고기 소를 다져 양념을 잘 하여 넣는다. 녹말을 묻히고 그 위에 달걀물을 묻혀 지져서 즙을 맛나게 하여 쓴다.

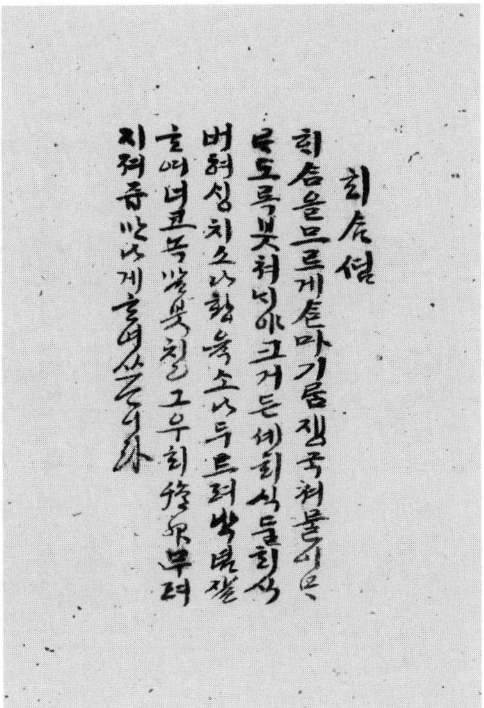

ᄒᆡ솜찜
ᄒᆡ솜을므르게솖마기름쟝국쳐물이ᄆᆞ
ᄅᆞ도록붓쳐니야크거든셰ᄒᆡ식둘ᄒᆡ식
버혀싱치소나황육소나두드려냑념잘
ᄒᆞ여너코녹말뭇치고그우희鷄卵무려
지져즙맛나게ᄒᆞ여쓰ᄂᆞ니라

연ᄒᆞᆫ ᄉᆞᆯ고기ᄅᆞᆯ ᄂᆞ르니 두ᄃᆞ려 솟ᄎᆞᆯ ᄃᆞᆯ오고 기ᄅᆞᆷ을 두ᄅᆞ고 드리쳐 잠간 복그며 션지와 싱골을 됴각 업시 두ᄃᆞ려 ᄒᆞᆫᄃᆡ 흡ᄒᆞ도록 두ᄃᆞ려 노코 약념 갓초와 노왓ᄃᆞ가 고기 몬뎌 복ᄃᆞ가 션지와 골을 두ᄃᆞ린 거ᄉᆞᆯ 부어 급히 져어 엉긔며 약념 ᄲᅮ리며 퍼 어릐여 버혀 ᄂᆡ여 식거든 초지령ᄒᆞ여 먹ᄂᆞ니라.

연한 살코기를 부드럽게 다져 달군 솥에 기름을 두르고 (고기를) 넣어 잠깐 볶는다. 선지와 생골을 조각 없이 다져 한데 합해지도록 다져놓고 양념을 갖춰놓는다. 고기를 먼저 볶다가 선지와 골 다진 것을 넣고 급히 저어 엉기게 되면 양념을 뿌리고, 퍼내어 엉기면 썰어 식혀서 초간장 하여 먹는다.

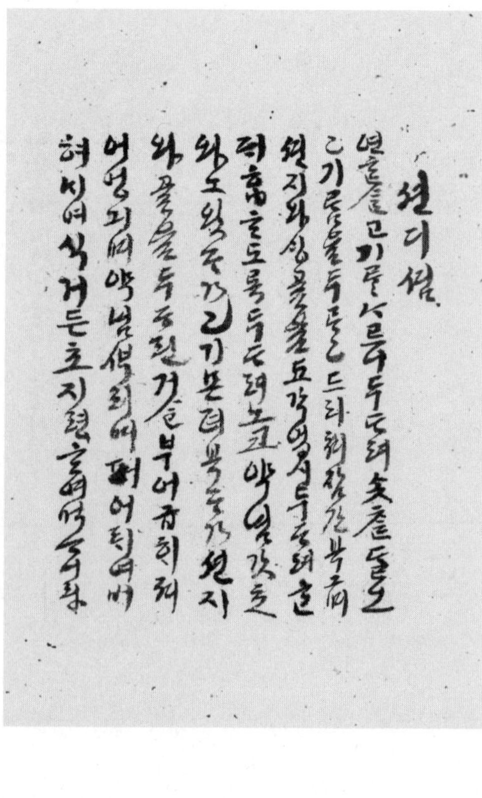

동화느름 · 동아느름

동화[1]를 ᄒᆞᆫ치[2] 너희마치 버혀 얇게 싸흐라 기ᄅᆞᆷ치고 장물 조곰 쳐 복가ᄂᆡ야 여러 포집어[3] 노화 물을 눌너 ᄶᆞ ᄇᆞ리고 녹말 무쳐 노코 두에[4]예 기ᄅᆞᆷ치고 지져ᄂᆡ야 싱치ᄂᆞ 진계나 황육이ᄂᆞ 소흘 잘 두드려 양념ᄒᆞ야 너허 ᄆᆞᄅᆞ 쩨여 즙 만ᄂᆞ게 ᄒᆞ여 언즈면 조흐니라

동아를 약 3cm 너비만큼 베어 얇게 썰어 기름을 치고 장물을 조금 쳐 볶아내어 여러 장 집어놓아 물을 눌러 짜버린다. 녹말을 묻혀놓고 뚜껑에 기름을 쳐서 지져낸다. 꿩이나 묵은 닭, 소고기 소를 잘 다져서 양념하여 (지진 동아에 소를) 넣고 말아 (꼬치로) 꿰어 즙을 맛나게 하여 얹으면 좋다.

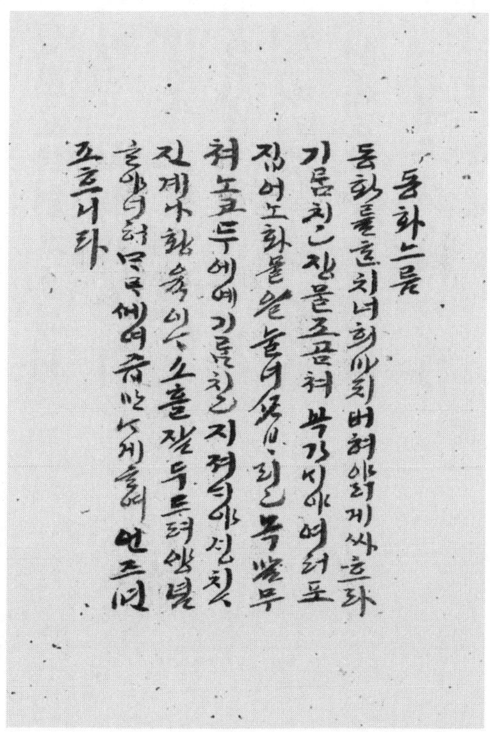

1 동화: 동과, 동아
2 1치: 3.03cm
3 포집다: 포개어 놓다
4 두에: 뚜껑. 솥뚜껑으로 뒤집어 번철처럼 썼다.

양면

염ᄒᆞᆫ 조흔 앙을 두거온 기ᄅᆞ시 ᄡᅥ 큰 ᄭᅪᆯ
노ᄂᆞᄅᆞᆫ에 두드려 녹말더허 졀구의 셔키
룬ᄒᆞᆼ ᄒᆞ도록 ᄭᅵ여 허ᄉᆞᆺ치여 시ᄒᆞᆫ 뎡이
되거든 셩치나 ᄒᆞᆼ올이나 ᄃᆞᆯ옵이ᄂᆞᆫ 세ᄭᆡ
지ᄒᆞᆼ 녹드ᄅᆡ 만두소처로 약념 갓초ᄒᆞ야
복근 앙 두드린 거ᄉᆞᆯ 조ᄅᆞᆫ 다 ᄒᆞ고 소 녀허
ᄲᅧᆨ을 비ᄅᆡ 물ᄭᅳᆫ 히ᄒᆞᆫ드틔 ᄒᆞ여ᄉᆞᆷ 바ᄭᅴ
여ᄎᆞ지 ᄆᆡᆼᄒᆞ면 어 만두ᄀᆞ토ᄅᆡ ᄀᆞ장 녀ᄂᆞ
ᄋᆞ니라 녹말을 더ᄒᆞᆫ 너ᄒᆞᆫ면 치ᄂᆞ
니ᄒᆞᆫ 너오뢰ᄋᆞ면 밧기여 ᄂᆞᆯᄂᆞᆫ 허여지
니ᄋᆞᆯ 엿ᄒᆞ더 ᄒᆞ여 ᄲᅥ히야 조코 ᄉᆞᆫ을 ᄒᆡᄒᆞᄃᆡ
ᄒᆞ여지기ᄅᆞᆯ 실히 ᄒᆞ니 쓸고 안ᄂᆞᆫ 치 ᄀᆞ오
ᄉᆞᆫᄋᆞ면 아니 ᄒᆞ 퍽 터지ᄂᆞ니라

양연 · 양만두

ᄉᆡᆼᄒᆞ고 조흔 양을 둣거온 기ᄉᆞᆯ 내 써 큰 칼노 ᄂᆞ른이 두드려 녹말 너허 절구의 ᄶᅵ키를 합ᄒᆞ도록 ᄶᆡ ᄶᅵ허 낫[1]치 업시 ᄒᆞᆫ 덩이 되거든 ᄉᆡᆼ치나 황육이나 뎌육이ᄂᆞ 세가지 즁 두드려 만두소쳐로 약념 갓초 ᄒᆞ야 복고 양 두드린 거ᄉᆞᆯ ᄌᆞ로[2] 다히[3] 그 소 너허 ᄯᅥᆨ을 비져 물 ᄭᅳᆯ히고 드리쳐 ᄉᆞᆯ마 내여 초지령ᄒᆞ면 어만두 ᄀᆞ토되 ᄀᆞ장 더 ᄂᆞ으니라 녹말을 너모 마니 ᄒᆞ면 연치 아니ᄒᆞ고 너모 젹으면 빗기 어렵고 허여지니 알맛초 너허 ᄶᅵ허야 조코 ᄉᆞᆯ물 ᄯᅢ 푸러지기를 심히 ᄒᆞ니 실노 낫낫치 감아 ᄉᆞᆯ무면 아니 푸러지ᄂᆞ니라

싱싱하고 좋은 양의 두꺼운 깃(머리)을 내어 씻어 큰 칼로 부드럽게 두드린다. 녹말을 넣어 잘 섞이도록 절구에 많이 찧어, 낱 없이 한 덩이가 되면 꿩이나 소고기나 돼지고기 세 가지 중에 다져서 만두소처럼 양념을 갖추어 볶는다. 양 다진 것을 자루처럼 그 소를 넣어 떡 모양으로 빚고 끓는 물에 재빨리 삶아 낸다. 초간장을 하면 어만두 같으나 훨씬 더 낫다. 녹말을 너무 많이 하면 연하지 않고 너무 적으면 빚기 어렵고 풀어지니 알맞게 넣고 찧어야 좋다. 삶을 때 풀어지기를 심히 하니 실로 낱낱이 감아 삶으면 안 풀어진다.

1 낫: 낱으로 보며, 알갱이
2 ᄌᆞ로: 자루
3 다히: 처럼, 같이

양젼유ᄋᆞ · 양전유어

양을 밍물의 고아 ᄊᆞ흐라 소곰물의 적셔 녹말 무쳐 지지면 질기지 아니니라

양을 맹물에 고아 썰어 소금물에 적셔 녹말을 묻혀 지지면 질기지 않다.

간젼유ᄋᆞ · 간전유어

간을 ᄂᆞ르니[1] 두드려 녹말의 염소금 석거 무쳐 지져 ᄊᆞ흐라 쓰면 질기지 아니코 조흐니라

간을 부드럽게 두드려 녹말에 소금을 섞어 (간에) 묻혀 지져서 썰어 쓰면 질기지 않고 좋다.

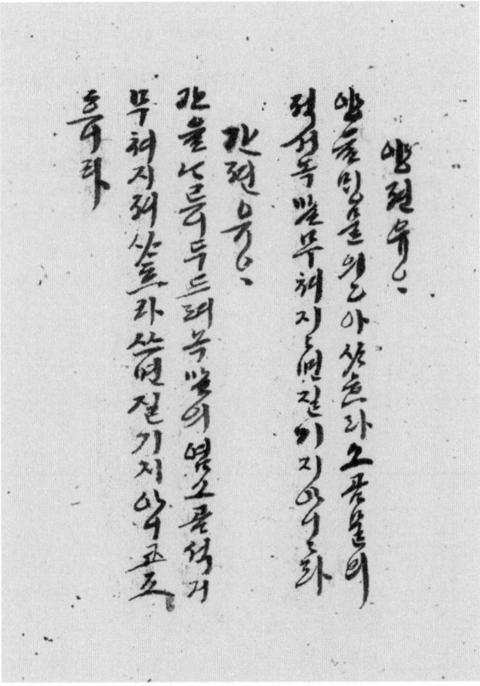

1 나른히: 부드럽게

족편 · 족편

족을 말ᄂᆞ게 씨셔 고으되 물 맛초 부어 그 물이 ᄌᆞᆺ게 고아 ᄲᅧ를 갈희야 ᄲᅢᆨ히고 덜 ᄆᆞ른 거시 잇거든 두드려 너코 지령 기ᄅᆞᆷ 싱강 두드려 너허 징반의 ᄑᆞᆫ 후 호초 잣갈날 우희 고로고로 ᄲᅵ혀 어리여[1] ᄡᅳ라

족을 말갛게 씻어 고되 물을 맞춰 부어 그 물이 잦아들게 고아 뼈를 골라 내고, 덜 무른 것이 있으면 두드려 넣고 간장, 기름, 생강을 두드려 넣어 쟁반에 푼다. 후춧가루, 잣가루를 위에 고루고루 뿌려 엉기게 하여 쓴다.

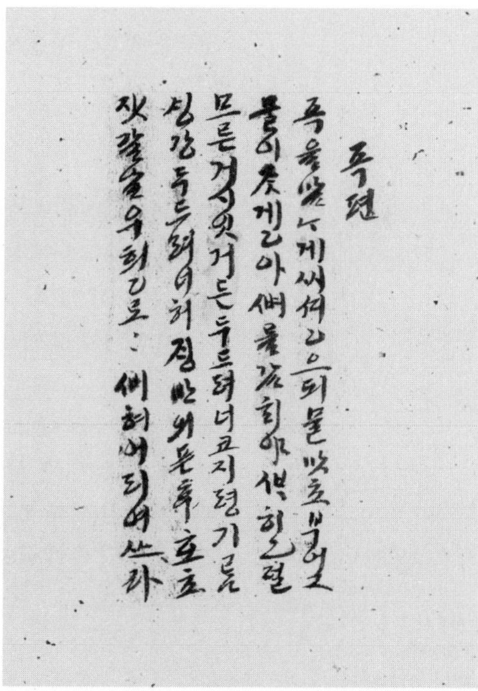
족편
족을 말ᄂᆞ게 씨셔 고으되 물 맛초 부어 그
물이 ᄌᆞᆺ게 고아 ᄲᅧ를 갈희야 ᄲᅢᆨ히고 덜
ᄆᆞ른 거시 잇거든 두드려 너코 지령 기ᄅᆞᆷ
싱강 두드려 너허 징반의 ᄑᆞᆫ 후 호초
잣갈날 우희 고로고로 ᄲᅵ혀 어리여 ᄡᅳ라

1 어리다: 액체 따위가 단단하게 되다.

뎌편 · 저편

뎌육을 날노 반 남즉 닉으니 반 모춤 날으니 두드려 쳔초ᄀᆞ로 ᄆᆞ놀 파 ᄉᆡᆼ강 ᄆᆞ날 ᄯᅩ ᄒᆞᆫᄃᆡ ᄂᆞ른 두ᄃᆞ려 지령 기름 마초 너허 뭉쳐 어러미의 노화 ᄶᅧ ᄎᆡ와[1] ᄊᆞ흐라 초지령 ᄶᅵᆨ어 먹ᄂᆞ니라

돼지고기를 반 정도 익혀 반 넘게(조금 굵게) 부드럽게 다지고 천촛가루, 마늘, 파, 생강을 부드럽게 두드려 간장, 기름을 맞춰 넣어 뭉친다. 어레미에 놓아 찐 뒤 차게 식혀 썰어 초간장에 찍어 먹는다.

뎌육탕 · 저육탕

ᄉᆡᆼ뎌육을 모ᄂᆞ게 ᄊᆞ흐라 솟희 기름 조곰 쓰티고 복ᄃᆞ가 젓국을 티고 두부룰 쎠흐라 너허 부플게 ᄭᅳᆯ히면 조ᄒᆞ니라

생돼지고기를 모나게 썰어 솥에 기름을 조금 두르고 볶다가 젓국을 치고 두부를 썰어 넣어 부풀게 끓이면 좋다.

게탕 · 게탕

게 속 ᄌᆞ지장[2] 누롤 모화 鷄卵 너코 기름장 파 호초ᄀᆞ라 너허 ᄃᆞᆰᄃᆞᆰᄀᆡ여 게 속의 도록 너코 국을 마초 ᄒᆞ여 붓고 ᄉᆡᆼ치 뎜여 너코 ᄉᆔᆫ무우 ᄊᆞ흐라 너허 진말 약간 푸러 ᄭᅳᆯ히ᄃᆞᄀᆞ 게를 ᄒᆞᆫ 가지로 너허 ᄭᅳᆯ혀 ᄂᆡ라

게 속의 자줏빛 내장과 누런 내장을 모아 달걀을 넣고 기름장, 파, 후춧가루를 넣어 닥닥 개어 게 속에 도로 넣는다. (냄비에) 국물을 맞춰 붓고 꿩을 저며 넣고 순무를 썰어 넣어 밀가루를 약간 풀어 끓이다가 게를 같이 넣어 끓여낸다.

1 채와: 차게 식혀서
2 자지장(紫脂醬): 게에 있는 자줏빛이 도는 내장

려쳔

려육을 ᄂᆞᆯ고 ᄲᅡ 낫ᄎᆞ ᄇᆞᆨ은 ᄲᅡ 모ᄅᆞᆫ 믈
으나 두드려 쳔ᄒᆞᄀᆞ로ᄃᆞ 쳡파 션 강ᄃᆞ 믈
쇼ᄒᆞᆫ 디나 ᄂᆞᆫ 두드려 지령 기ᄅᆞᆷ 마ᄒᆞ 너허
물ᄌᆡ어 ᄲᅳ려 ᄯᅴ워 노화 ᄲᅧ 치와 삿ᄒᆞ라 ᄒᆞ
지령 ᄯᅥᆨ어 내야 노ᄒᆞ라

연육탕

싱연육을 모ᄂᆞ게 삿ᄒᆞ라 숫희 기ᄅᆞᆷ 죠
ᄒᆞᆫ 쓰리ᄂᆞᆫ ᄡᅮ두 갓 국을 더ᄂᆞᆫ 두ᄇᆞᄅᆞᆯ
ᄡᅢᄒᆞ라 너허 ᄲᅮ블 게 쵸 ᄒᆞ여 조ᄒᆞ니라

계탕

계ᄋᆞᆯ 자잣 ᄂᆞᆫ 두 모화 ᄀᆞᆯ아 너코 기ᄅᆞᆷ장
파 ᄒᆞ죠 ᄀᆞ루 너허 ᄃᆞ리 ᄂᆞᆫ 지 여 게 ᄉᆞᆨ에 도로
넣고 국을 ᄯᆞ로 ᄒᆞ여 ᄇᆞᆺᄂᆞᆫ 싱치 ᄃᆞᆯ혀 너
코 쉬 ᄆᆞ우 삿ᄒᆞ라 너허 진 ᄀᆞᆯᄋᆞᆯ 프
러 쵸 히 도 ᄀᆞ 게 ᄅᆞᆯ ᄒᆞᆫ ᄀᆞ지 ᄂᆞᆫ ᄃᆡ 허 쵸 쳐
너라

굴탕 · 굴탕

굴을 鷄卵 무쳐 뎐유[1] 지지고 희숩을 므르게 츳듯게[2] 고아 싸흘고 살믄 뎌육 뎜여 너코 鷄卵을 힝긔[3] 바닥이ᄂᆞ 어리여 싸흐라 너허 싦히면 조흐니라

굴은 달걀을 묻혀 전유어로 지지고, 해삼은 무르게 걸러 고아 썰고, 삶은 돼지고기는 저며 넣고, 달걀은 놋그릇 바닥에 엉겨 썰어 넣어 (다 같이) 끓이면 좋다.

* '계란을 행기 바닥에 어리다'는 달걀지단을 만드는 방법으로 기름에 지지지 않고 편편한 놋대접에 놓고 중탕하여 익히는 것이다.

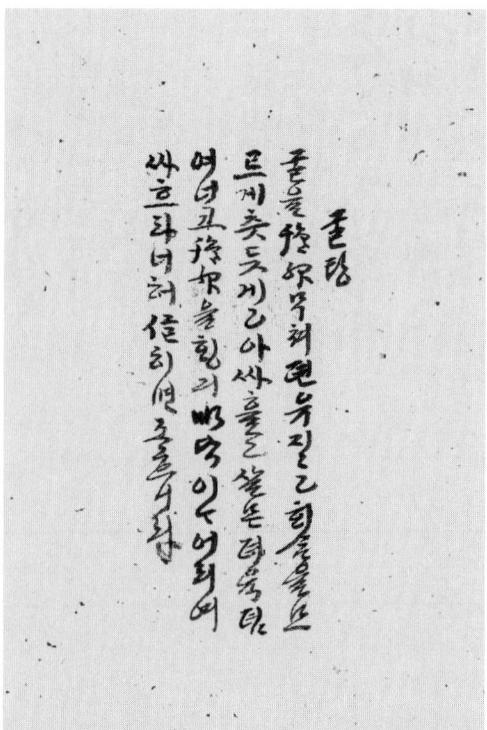
굴탕
굴을 鷄卵무쳐 뎐유 지지고 희숩을 므
르게 츳듯게 고아 싸흘고 살믄 뎌육 뎜
여너코 鷄卵을 힝긔 바닥이ᄂᆞ 어리여
싸흐라 너허 싦히면 조흐니라

1 전유: 전유아, 전유어
2 츳듣다: 거르다, 물점이 똑똑 떨어지다.
3 행기: 놋그릇의 사투리

칠계탕 · 칠계탕

ᄃᆞᆰ을 말갓케 삐셔 표고 셕이 박우거리 슌무우 다ᄉᆞᄆᆞ 토란 도랏 너코 지령 기름 너허 항의 담아 즁탕ᄒᆞ면 조코 ᄉᆞᆺ희ᄅᆞ도 믱건이 ᄒᆞ여 달히면 조흐니라

닭을 말갛게 씻어 표고버섯, 석이버섯, 박오가리, 순무, 다시마, 토란, 도라지를 넣고 간장, 기름을 넣어 항아리에 담아 중탕하면 좋다. 솥에라도 뭉근하게 달이면 좋다.

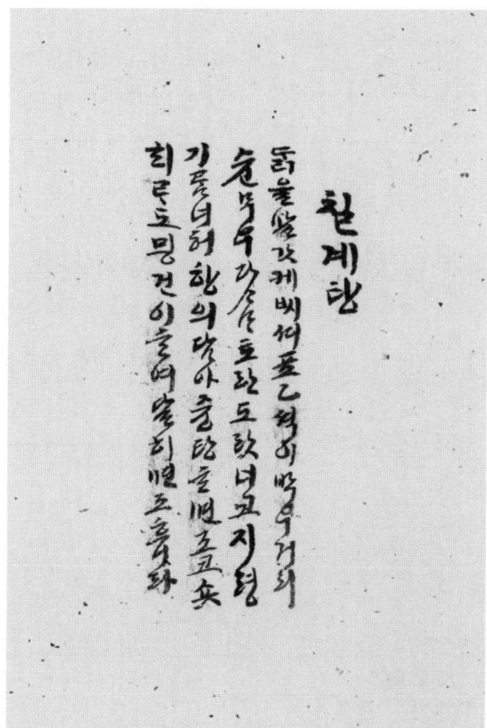
칠계탕
ᄃᆞᆰ을 말갓케 삐셔 표고 셕이 박우거리
슌무우 다ᄉᆞᄆᆞ 토란 도랏 너코 지령
기름 너허 항의 담아 즁탕ᄒᆞ면 조코 ᄉᆞᆺ
희ᄅᆞ도 믱건이 ᄒᆞ여 달히면 조흐니라

무로기탕 · 소고기완자탕

ᄒᆡ삼 고아 ᄊᆞ흘고 슝어ᄂᆞ 민어ᄂᆞ 어ᄎᆡ 만큼 ᄊᆞ흘고 홍합 박우거리 ᄉᆡᆼ뎌육 ᄊᆞ흐라 너코 골 뎜여 녹말 무치고 鷄卵 파 호초가로 지령물을 텨 마ᄉᆞᆯ 마초아 족편텨로 어릐오ᄃᆡ 족편도곤 ᄃᆞᆺ겁게 ᄒᆡᆼ긔 담아 물을 ᄭᅳᆯ히며 둘여노와 어릐워 네모지게 ᄊᆞ흐라 너코 무로기[1]를 두ᄃᆞ려 나론이 ᄒᆞ야 지령 기ᄅᆞᆷ 치고 파 두ᄃᆞ려 너허 ᄒᆞᆫᄃᆡ 합ᄒᆞ야 ᄉᆡ알갓치 부뷔여 모밀가로 ᄆᆞᆺ쳐 ᄭᅳᆯ히ᄃᆡ 장국을 몬져 맛ᄉᆞᆯ 마초아 기ᄅᆞᆷ 텨 ᄭᅳᆯ히ᄃᆞ가 이것들을 너허 ᄭᅳᆯ히ᄃᆡ 믈오기ᄂᆞᆫ 너 ᄆᆞ이 ᄭᅳᆯ히면 ᄃᆞᆫᄃᆞᆫᄒᆞ니 므로기와 ᄃᆞᆰ긔알 ᄊᆞ흔 거ᄉᆞᆯ 여ᄂᆞ 것 거의 ᄭᅳᆯ흔 후의 너허 ᄒᆞᆫ 소금만 ᄭᅳᆯ히면 조코 무로기ᄅᆞᆯ 뎡육으로 ᄒᆞ여도 됴흐니라

해삼은 고아 썰고, 숭어나 민어도 어채만큼 썰고 홍합, 박오가리, 생돼지고기를 썰어놓는다. 골을 저며 녹말을 묻힌다. 달걀에 파, 후춧가루, 간장을 넣고 맛을 맞추어 족편처럼 엉기게 하되, 족편보다 두껍게 행기에 담아 물을 끓이며 들여놓아 엉기게 하여 네모지게 썰어놓는다. 무로기(소고기)를 다져 부드럽게 하여 간장, 기름을 치고 파를 다져 넣어 한데 합한 후, 새알만큼 비벼 메밀가루를 묻힌다. 먼저 장국의 맛을 맞추어 기름 쳐 끓이다가 (앞에 준비된) 이것들을 넣어 끓인다. 무로기(완자)를 너무 많이 끓이면 단단하니 무로기와 달걀 썬 것은 다른 것들이 거의 끓은 후에 넣어 한소끔만 끓이면 좋다. 무로기(소고기 완자)를 돼지고기로 하여도 좋다.

1 무로기: 소고기나 돼지고기를 동그랗게 만든 완자를 이르는 방언. 모리라고도 한다.

무로기탕

흰슈고아 삿흘근 송어ᄂᆞ 민어ᄂᆞ 어치ᄯᅩ
흠삿ᄒᆞᆯ근 ᄒᆞᆷ함 ᄇᆡᄋᆞ 나뫼 섯ᄃᆡᆼ ᄒᆞ엿
ᄒᆞ라 너고 끝ᄃᆡᆼ여 무ᄉᆡᆼ 무치근 ᄒᆞ여 ᄑᆞ
ᄒᆞ로 가로 지렁 물을 ᄒᆞ여 ᄉᆞᆫᄯᅩ ᄒᆞ이
쪽편 ᄃᆡ도 어ᄃᆡ로 되 쪽편도 ᄭᅳᆫ듯 ᄭᅢ게
ᄒᆞᆼ과 ᄃᆡᆼ아 물을 ᄉᆡᆫ치 ᄭᅢ 물여 노와 여
ᄃᆡ워 네ᄯᅩ지 게 삿흐라 너코 무로기를
두ᄂᆞᆫᄃᆡ 나ᄂᆞᆫ이 ᄒᆞᆯ아 지렁 기름 치근 ᄑᆞ
두ᄃᆞᄃᆡ 너허 ᄒᆞᆫ되 ᄒᆞᆷᄒᆞ아 서알 ᄉᆞᆺ 치부
ᄇᆡᆨ여 모빌 가로옷 ᄭᅴ ᄉᆡᆫ히되 잔국울 ᄂᆞᆫ
ᄒᆞᆫᄭᅴ ᄡᆞᄒᆞ아 기름ᄃᆡ ᄉᆡᆫ히도 ᄒᆞ 이것
둘물 너허 ᄉᆡᆫ히서 물보기ᄂᆞ 너ᄃᆞ이 ᄉᆡᆫ
히면 ᄯᅩ ᄒᆞᆯ 너므로 기와 되거 알 삿ᄒᆞᆫ
거ᄉᆞᆫ 여ᄂᆞ 벗겨의 ᄉᆡᆫᄒᆞᆫ 후여 너허ᄒᆞᆯ
ᄉᆞᄀᆞᆷ과 ᄉᆡᆫ히면 ᄒᆞᆫ고 무로기ᄅᆞᆯ 졍ᄒᆞᆫ
ᄃᆞ로 ᄒᆞᆫ여 노ᄒᆞ되라

간막이탕 · 간막이탕

뎌육 아긔집이 삿기 빈 돈ᄃᆞ지게 잇난 거시오 마치 쇠됴롱[1]창 ᄌᆞ ᄀᆞᄐᆞ니 장국의 ᄃᆞᆰᄒᆞ고 표고 셕이 뎌육 너허 ᄃᆞᆰ이 무ᄅᆞᆯ 만치 쓸히고 악의집[2]을 ᄊᆞ흐라 너허 잠간 쓸혀 닉야 ᄶᅵ국의 푸러쓰면 조흐니라. 아긔집을 ᄃᆞᆰ과 ᄀᆞ티 너허 쓸히면 너모 물너 조치 ᄋᆞ니ᄒᆞ며 나종 너허 쓸히ᄂᆞ니라

돼지 아기집은 새끼 밴 돼지에게 있는 것이며, 마치 소의 조롱창자(곱창)와 같다. 장국에 닭과 표고버섯, 석이버섯, 돼지고기를 넣어 닭이 무를 만큼 끓이고, 아기집을 썰어 넣고 잠깐 끓여내어 깻국을 풀어 쓰면 좋다. 아기집을 닭과 같이 넣어 끓이면 너무 물러져 좋지 않으니 나중에 넣어 끓인다.

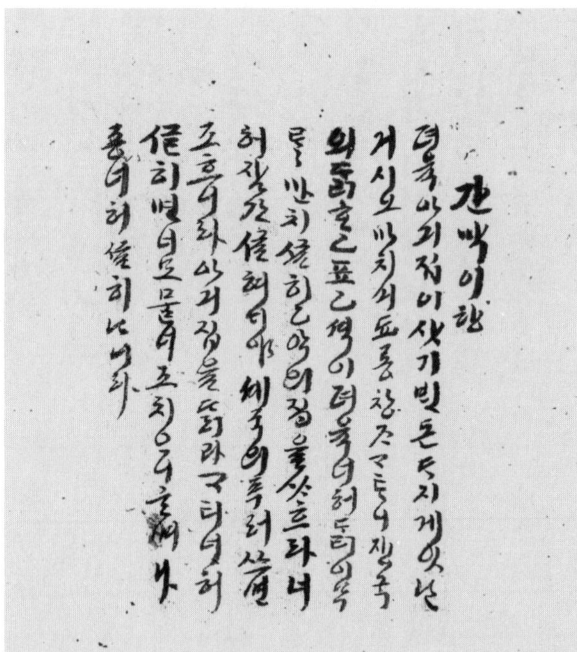

1 도롱: 어린아이들의 액막이로 주머니 끈이나 옷 끈에 밤톨만하게 연이어 매달은 물건

2 악의집: 애기집

머리골적 · 두골적

머리골을 뎐유갓치 뎜여 쓸(는) 물의나 음식ᄒᆞ는 장국의ᄂᆞ 너허 데쳐 셕고 술[1] ᄀᆞᄂᆞᆯ게 ᄒᆞ야 ᄢᅦ여 진말 잠간 ᄲᅮ려 굽ᄂᆞ니라. 딥신굴[2]을 쓸ᄂᆞᆫ 물의 데텨 파 셕거 ᄀᆞ로 ᄲᅮ려 구어도 가장 조흐니라

(쇠)두골을 전유어같이 저며 끓는 물이나 음식 하는 장국에 넣어 데쳐 섞고, 꼬치를 가늘게 하여 꿰어 밀가루를 살짝 뿌려 굽는다.
짚신굴을 끓는 물에 데쳐 파를 섞어 가루를 뿌려 구워도 좋다.

* 굴적도 함께 소개함.

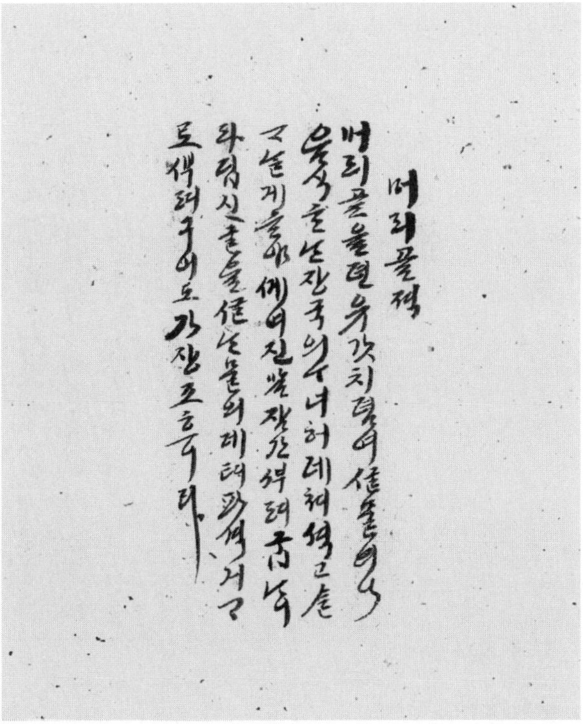
머리골젹
머리골을뎐유갓치뎜여쓸는물의나
음식ᄒᆞ는장국의ᄂᆞ너허데쳐셕고술
ᄀᆞᄂᆞᆯ게ᄒᆞ야ᄢᅦ여진말잠간ᄲᅮ려굽ᄂᆞ니
라딥신굴을쓸는물의데텨파셕거ᄀᆞ
로ᄲᅮ려구어도가장조흐니라

1 살: 대나무를 가늘게 깎아 꼬치로 만든 것, 뼈대가 되는 나무대오리
2 짚신굴: 屈名집신屈이라는 표기가 있음. 민물에 사는 큰 굴

동화션 · 동아선

센동화[1]를 조각지어 ᄯᆞ려[2] 약간 ᄀᆞᆫ 텨 ᄀᆞᆫ 막 들거든 ᄉᆞ면 치 ᄃᆞᆺ 분식되게 ᄊᆞᄒᆞ라 솟촐 조히 씻고 기름 조곰 씻치고 잠간 복가 싱강 ᄆᆞᄂᆞᆯ 파 가ᄂᆞ리 두ᄃᆞ려 조흔 초 셧거 고로고로 잠간 둘너 ᄂᆡ면 됴흐니라 또 잠간 복가 계ᄌᆞ를 쫍쫄히 되게 ᄀᆡ야 브으면 조흐니라

센 동아를 조각 내어 쪼개 약간 간을 쳐, 간이 막 들면 사면이 1치 5푼(4.5cm)씩 되게 썬다. 솥을 깨끗이 씻고 기름을 조금 둘러 잠깐 볶아 생강, 마늘, 파를 가늘게 다져 좋은 초를 섞어 고루고루 잠깐 섞어내면 좋다. 또 잠깐 볶아 겨자를 짭짤하게 개어 부으면 좋다.

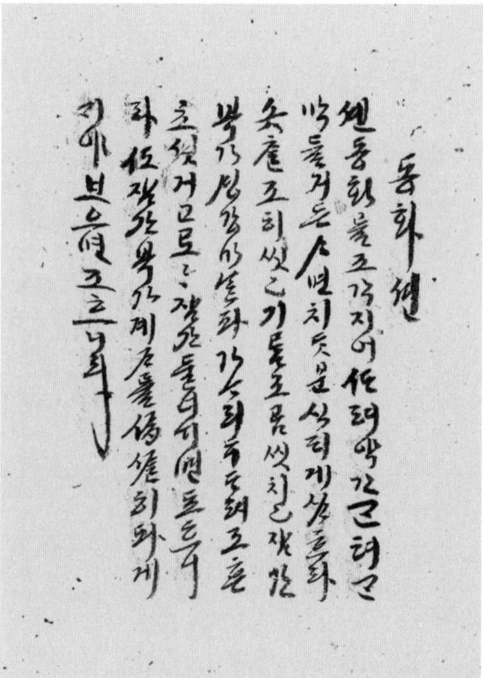

1 센동아: 껍질이 단단히 익은 (늦)동아
2 따리다: 쪼개다

비ᄎᆞ션 · 배추선

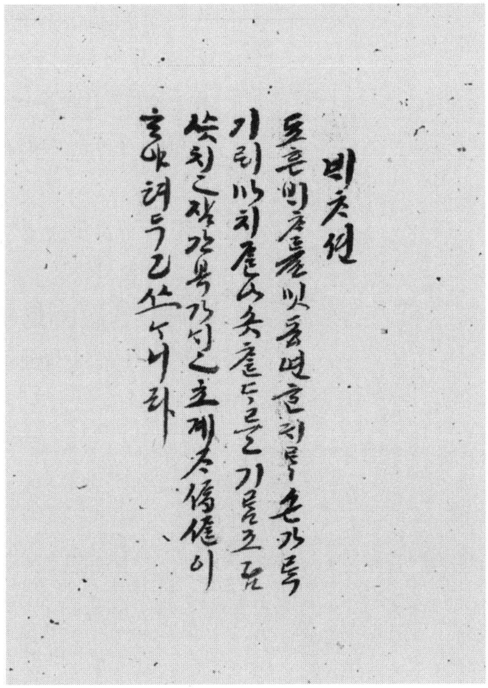
비ᄎᆞ션
됴흔 비ᄎᆞ를 밋동 연ᄒᆞᆫ ᄃᆡ를 손가록
기릐마치 졀나 솟츨 ᄃᆞ르고 기름 조금
쓧치고 잠간 복가 ᄂᆡ고 초 계ᄌᆞ 쟙쫄이
ᄒᆞ야 텨두고 쓰ᄂᆞ니라

됴흔 비ᄎᆞ를 밋동[1] 연ᄒᆞᆫ ᄃᆡ를 손가록 기릐마치 졀나 솟츨 ᄃᆞ르고 기름 조금 쓧치고 잠간 복가 ᄂᆡ고 초 계ᄌᆞ 쟙쫄이 ᄒᆞ야 텨두고 쓰ᄂᆞ니라

배추의 밑동 연한 데를 손가락 길이만큼 자른 후 솥을 달궈 기름을 조금 두르고 잠깐 볶아낸다. 초겨자를 짭짤하게 만들어두고 쓴다.

1 밑동: 채소 등의 뿌리 또는 뿌리 바로 위 배추 줄기

잡ᄎᆡ · 잡채

무우 ᄎᆡ 티고 숫무우 ᄊᆞ흘고 녹두기ᄅᆞᆷ[1]과 무우엄[2] 표고 셕이 박우거리 너흐ᄃᆡ 두 가지 무우엄 녹두기ᄅᆞᆷ 박우거리 몬져 데쳐 그제야[3] 약념들 너허 기ᄅᆞᆷ 지령 쳐 복가 즙국을 맛ᄂᆞ게 ᄒᆞ여 쓸혀 셧거 쓰ᄂᆞ니라

무를 채 썰고 순무를 썰고 숙주나물과 무엄, 표고버섯, 석이버섯, 박오가리를 넣는다. 두 가지(무채와 썬 순무)와 무엄, 숙주나물, 박오가리를 먼저 데친 다음, 양념을 넣고 기름, 간장을 쳐서 볶아 즙국을 맛나게 하여 끓여 섞어 쓴다.

1 녹두기름: 綠豆長音, 숙주나물
2 무엄: 무움으로 무에서 새로 돋아 나오는 싹
3 그제야: 다 된 후에, 준비가 다 되면

잡치

무우취러ᄅᆞᆯ 숫무우 삿홀ᄅᆞᆯ 주두기
룸과 무우 어ᄆᆞ 표ᄅᆞᆯ 색이 ᄲᆞ수 거리너
ᄒᆞ뒤 두가지 무우 엄ᄂᆞ 무두기ᄅᆞᆯ ᄲᆞ수 거
리 몬쳐 데쳐 그 체에 ᄋᆡᆨ ᄃᆞᆫ ᄃᆞᆯ 더 허기 ᄅᆞᆫ
지령 쳐 복가 즙국을 ᄊᆞᆺ ᄂᆞ게 ᄒᆞ여 쓸 ᄒᆡ
셧거 ᄊᆞᆫ ᄂᆞ니라

김치

침채류는 총 6종으로 굴침채, 생치침채, 겨울에 쓰는 물외침채, 과동하는 외침채, 금방 쓰는 외침채, 겨울에 쓰는 가지침채를 기록하였다. 주로 오이, 가지 등 여름 채소를 이용하여 다양한 절임음식을 만들고 저장하는 방법으로 침채류를 소개하였다. 특이하게 경상도 북부 내륙지방인 안동의 조리서에서 지금의 어리굴젓과 유사한 굴침채를 소개하였다.

백자 단지 _ 대, 중, 소로 만든 배가 부른 백자에 푸른색의 목단 무늬가 있는 작은 항아리이다. 옛날에는 마루 뒤주 위나 부엌 선반에 층층이 쌓아 올려놓고 소금, 엿, 꿀, 가루, 젓갈 등을 담아두고 편리하게 쓰던 부엌살림이다.

ᄀᆞᆺ금 먹ᄂᆞᆫ 굴침ᄎᆡ · 가끔 먹는 굴김치

굴을 젹[1]을 ᄀᆞ리여 믈 씌워 항의 너코 소금 집어 너코 젼초 싱강 파 두ᄃᆞ려 너코 져어 ᄒᆞ로밤 방바ᄃᆞᆨ의 노핫ᄃᆞ가 판ᄌᆞ[2] 우헤ᄂᆞ 언져 두어 익으면 열 보ᄅᆞᆷ[3]이라도 쓰ᄂᆞ니라

굴은 껍데기를 가려내어 물을 끼얹어 씻어 항아리에 넣는다. 소금을 뿌리고 천초, 생강, 파를 두드려 넣은 다음 저어 하룻밤 방바닥에 놓았다가 선반 위에 얹어두어 익으면 10~15일 지나 쓴다.

싱티팀ᄎᆡ · 꿩김치

외[4]와 싱티를 싸흐라 각각 잠간 기름 쏫치고 복가 ᄂᆡ여 속ᄯᅳ믈 고이 바ᄃᆞ ᄭᅳᆯ히고 싱티 복근 거ᄉᆞᆯ 드리텨 ᄒᆞᆫ소ᄭᅩᆷ ᄭᅳᆯ히며 파 흰 대ᄀᆞ리 ᄠᅳ뎌 너코 잠간ᄒᆞ여 ᄂᆡ여 동팀이국쳐로 국을 쳐 마ᄉᆞᆯ 마초면 조흐니라

오이와 꿩을 썰어 각각 기름을 약간 둘러 볶아낸다. 속뜨물을 고이 받아 끓이고 꿩 볶은 것을 쏟아 넣어 한소끔 끓이며 파 흰 부분을 뜯어 넣고 잠깐 있다가 꺼내 동치밋국을 (생치)국에 넣어 간을 맞추면 좋다.

1 적: 껍데기
2 판자: 판판하고 넓게 켠 나뭇조각. 나무판이나 나무로 만든 부엌의 선반
3 열 보름: 10~15일
4 외: 오이

곳감떡 ᄂᆞᆫ 술 침치

술을 젹 울 그릇여 물 씌워 항의 너고 소금 집어 너고 젼초 싱강 파 두드려 너고 졋국로 ᄡᆞᆯ 밥 ᄡᅡ 두의 노 ᄒᆞᆫ 두가 판 조우 혜 언저 두어 익은 후면 열 보 물이 타 모삭 내라

쟝리침치

외라 싱디를 ᄡᅡ ᄒᆞ라 각ᄀᆞ 쟝 간 기름 ᄯᅩ 치ᄂᆞᆫ 복가 시여 속 드물근 이 ᄡᅡ 드ᄒᆞ히고 편 터ᄲᅮᆫ 거 ᄎᆞᆫ 드리ᄃᆡ 흔 조곰 ᄒᆞᆫ히 ᄢᅡ 파 흰 재ᄀᆞ리 ᄡᅥ 더 너고 쟝 간 ᄒᆞᄯᅢ의 ᄯᅢ를 답이 국쾨로 국울 쾨 ᄡᆞᆫ ᄀᆞᆺ ᄒᆞ면 조ᄒᆞ니라

겨올의 쓰는 물외침치 · 겨울에 쓰는 오이김치

八月 초싱[1]의 졈은 외[2]를 씨셔 물 쎄워 항의 너코 소곰물을 솜솜히 곱읏지게 쓸혀 붓고 산초닙흘 ᄀ득히 막아두면 겨울의 쓰기 됴흐니라

8월 초순에 젊은(어린) 오이를 씻어 물을 빼서 항아리에 넣는다. 소금물을 삼삼하게 팔팔 끓여 붓고 산초잎으로 가득 덮어 두면 겨울에 쓰기 좋다.

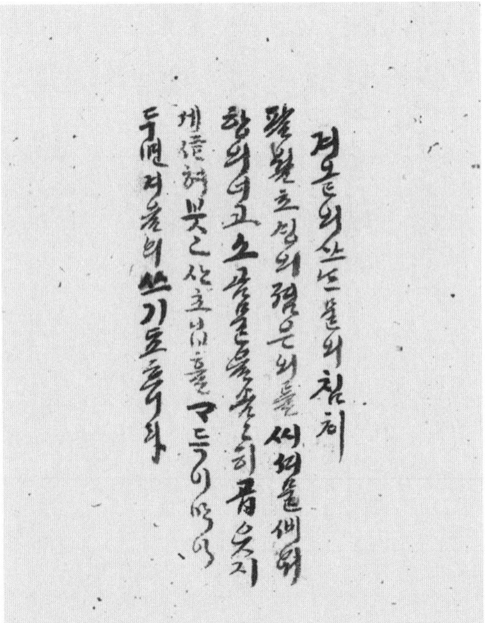
겨올의 쓰는 물외침치
팔월 초싱의 졈은 외를 씨셔 물 쎄워
항의 너코 소곰물을 솜솜히 곱읏지
게 쓸혀 붓고 산초닙흘 ᄀ득이 막아
두면 겨올의 쓰기 됴흐니라

1 초생: 초승. 음력으로 그달 초하루부터 처음 며칠 동안
2 젊은 오이: 껍질이 억세지 않은 어린 오이

과동ᄂᆞᆫ 외침치 · 겨울을 나는 오이김치

늘근 외ᄅᆞᆯ 믈의 씻지 말고 힝ᄌᆞᆯ ᄲᆡᄅᆞ가며 외예 무든 거ᄉᆞᆯ 죄 씨셔 믈긔 읍신 후 독의 ᄎᆞᆫᄎᆞᆫ 너코 소곰믈ᄋᆞᆯ ᄶᆞ게 프러 고ᄇᆞᆺ지게 ᄭᅳᆯ혀 부흐면 외가 혹혹 터지ᄂᆞᆫ듯 ᄒᆞ거든 돌노 지질너 두엇ᄃᆞ가 사나ᄒᆞᆯ 말리거든 외ᄅᆞᆯ ᄂᆡ고 그 소곰믈의 소곰ᄋᆞᆯ 더 프러 다시 ᄭᅳᆯ혀 ᄎᆡ와 붓고 억ᄉᆡ로 우ᄒᆞᆯ 덥고 돌노 지질너 ᄡᅳ지 아니케 ᄒᆞ야 셔늘ᄒᆞᆫ ᄃᆡ 두(면) 상치 아니코 ᄡᅥ며 승겁기ᄂᆞᆫ 장 ᄃᆞᄆᆞ ᄃᆞ시 알ᄆᆞ초 ᄒᆞ되 소금이 젹으면 무르고 외 ᄡᆞᆫ지 오ᄅᆡ면 시우여 연티 아니ᄒᆞ니 이 법ᄃᆡ로 승거이ᄒᆞ고 졈은 외라도 담갓ᄃᆞ가 동팀이예 너흐면 조흐니라

늙은 오이를 물에 씻지 말고 행주를 빨아가며 오이에 묻은 것을 죄 씻어 물기를 없앤 후에 독에 찬찬히 넣는다. 소금물을 짜게 풀어 팔팔 끓여 부으면 오이가 톡톡 터지는 듯하거

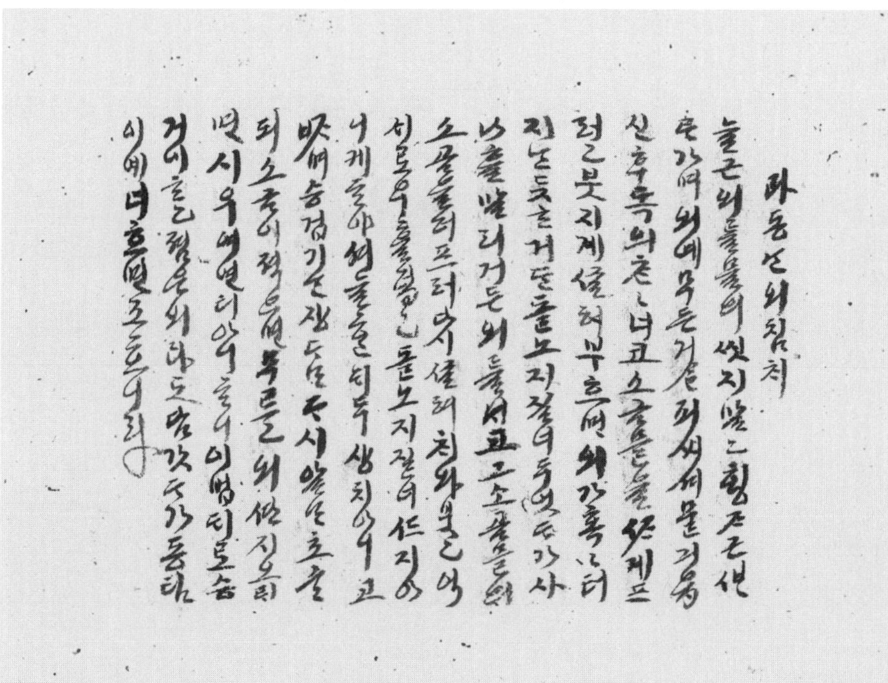
과동ᄂᆞᆫ외침치
늘근외ᄅᆞᆯ믈의씻지말고힝ᄌᆞᆯᄲᆡ
ᄅᆞ가며외예무든거ᄉᆞᆯ죄씨셔믈긔읍
신후독의ᄎᆞᆫᄎᆞᆫ너코소곰믈ᄋᆞᆯᄶᆞ게프
러고ᄇᆞᆺ지게ᄭᅳᆯ혀부흐면외가혹혹터
지ᄂᆞᆫ듯ᄒᆞ거든돌노지질너두엇ᄃᆞ가사
나ᄒᆞᆯ말리거든외ᄅᆞᆯᄂᆡ고그소곰믈의
소곰ᄋᆞᆯ더프러다시ᄭᅳᆯ혀ᄎᆡ와붓고억
ᄉᆡ로우ᄒᆞᆯ덥고돌노지질너ᄡᅳ지아
니케ᄒᆞ야셔늘ᄒᆞᆫᄃᆡ두상치아니코
ᄡᅥ며승겁기ᄂᆞᆫ장ᄃᆞᄆᆞᄃᆞ시알ᄆᆞ초ᄒᆞ
되소곰이젹으면무르고외ᄡᆞᆫ지오ᄅᆡ
면시우여연티아니ᄒᆞ니이법ᄃᆡ로승
거이ᄒᆞ고졈은외라도담갓ᄃᆞ가동팀
이예너흐면조흐니라

든 돌로 지질러 두었다가 3~4일 (지나거든) 오이를 꺼낸다. 그 소금물에 소금을 더 풀어 다시 끓여 식힌다. (꺼낸 오이를 항아리에 다시 넣고 소금물을) 붓고 억새로 위를 덮어 돌로 지질러 뜨지 않게 하여 서늘한 데 두면 상하지 않는다. 짜고 싱겁기는 장 담그듯이 알맞게 하되, 소금이 적으면 무르고 오이를 딴 지 오래되면 시들어 연하지 않다. 이 법대로 하되 싱겁게 하여 담은 젊은 오이를 동치미에 넣으면 좋다.

즉금 쓰는 외침치 · 바로 쓰는 오이김치

외를 두 머리[1] 버히고 믈을 고붓지게 ᄉᆞᆯ혀 잠간 데텨 ᄂᆡ야 ᄎᆞᆫ믈의 더온 긔운 업시 씻고 싱강 ᄆᆞᄂᆞᆯ 두ᄃᆞ려 외를 고로ᄒᆞ고 그 국의 너코 소곰믈 ᄉᆞᆯ혀 삼삼ᄒᆞ게 마초아 ᄃᆞᄆᆞᄂᆞ니라.

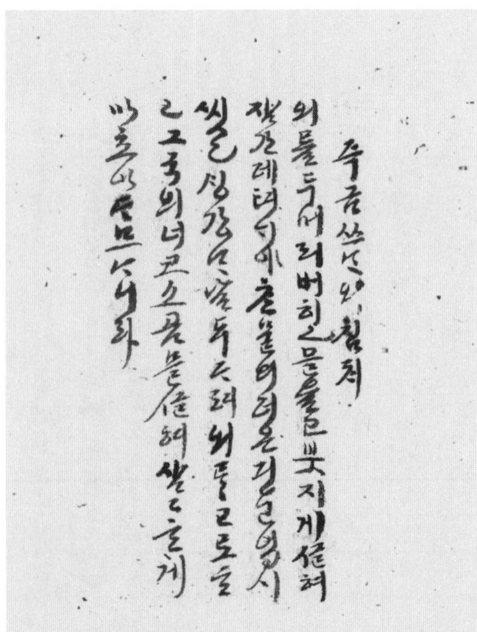

1 두머리: 오이의 양쪽 끝

오이를 양 끝을 베고 물을 팔팔 끓여 잠깐 데쳐내어 찬물에 더운 기운 없이 씻는다. 생강, 마늘을 다져 오이를 고르게 하여 그 국에 넣고, 소금물을 끓여 삼삼하게 (간을) 맞추어 담근다.

겨올의 쓰ᄂᆞᆫ 가지팀태 · 겨울에 쓰는 가지김치

八月晦[1]間 九月初生의 굴근 가지를 씨셔 항의 너코 소곰물을 슴슴이 ᄒᆞ야 ᄭᅳᆯ혀 서ᄂᆞᆯ케 ᄎᆡ와 억ᄉᆡᄂᆞ 슈슈 송닙이ᄂᆞ 가득히 너허 두었ᄃᆞ가 봄의 ᄭᅮᆯ쳐 쓰ᄂᆞ니라

8월 그믐께 또는 9월 초순에 굵은 가지를 씻어 항아리에 넣고, 소금물을 삼삼하게 하여 끓여 서늘하게 식힌 뒤 억새나 수수 속잎을 가득히 넣어 두었다가 봄에 꿀을 쳐서 쓴다.

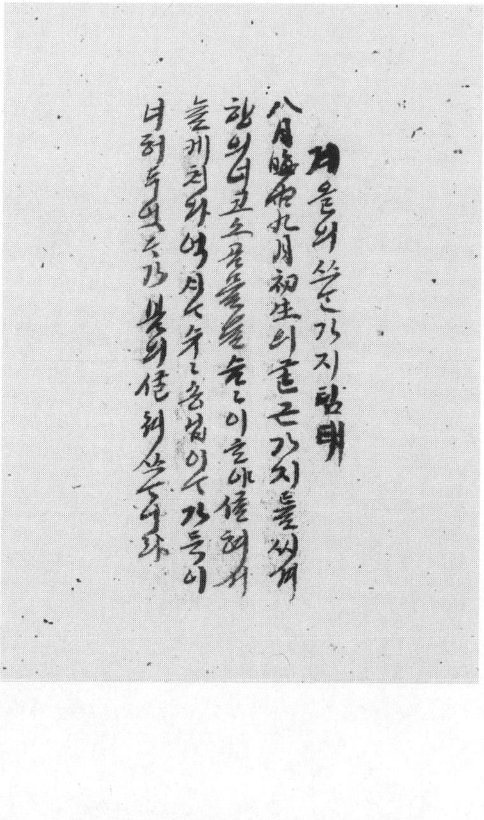
겨올의 쓰ᄂᆞᆫ 가지팀채
八月晦間九月初生의 굴근 가지를 씨셔
항의 너코 소곰물을 슴슴이 ᄒᆞ야 ᄭᅳᆯ혀 서
ᄂᆞᆯ케 ᄎᆡ와 억ᄉᆡᄂᆞ 슈슈 송닙이ᄂᆞ 가득이
너허 두엇ᄃᆞ가 봄의 ᄭᅮᆯ쳐 쓰ᄂᆞ니라

1 晦(회): 회일 그믐날 음력(陰曆)으로 그달의 마지막 날

장과 초

장류는 조선시대 전통적인 간장 제조법인 청장과 즙장을 기록하였다. 청장은 메주에 소금물을 1:2의 비율로 섞어 합장한 후 그 즙은 간장으로 쓰고, 건더기는 찌거나 말려서 좌반으로 만드는 조선조 전반기의 청장법과 유사한 방법을 소개하였다. 식초는 대추를 이용한 대추초와 생도라지를 술과 발효시킨 초법을 소개하였다.

옹기단지와 뚜가리 _ 질그릇이면서 더 단단히 구워낸 작은 찬기나 단지다. 아구리가 작고 배가 부른 것은 된장과 고추장, 간장,고춧가루,깨소금을 담아둔 채 부엌에서 사용하며, 아구리가 넓고 납작한 듯한 모양의 뚜가리는 알찜이나 강된장 찌개를 할 때 화로에 올리거나 찜통에서 중탕하여 쓴다. 조리한 뒤 바로 상 위에 그릇째 올린다.

청쟝 · 청장

며조 ᄒᆞᆫ 말의 물 ᄒᆞᆫ 동ᄒᆡ 소금 닷 되식 ᄃᆞᆷ아 그늘의 노하두면 마시 ᄃᆞᄅᆞ 소곰 마시 감ᄒᆞᆫ 후 우ᄒᆡ 이블[1] 진 거슬 것고 실ᄂᆡ 담ᄋᆞ 바타 지령만 블을 쓰게 ᄒᆞ야 달히ᄃᆡ 三分之一이 되게 달혀야 빗치 곱고 두어도 상치 아니 ᄒᆞᄂᆞ니라. 구월과 십월의 이 장을 담아 쓰고 극열극ᄒᆞᆫ의ᄂᆞᆫ 못 ᄃᆞᆷᄆᆞᄂᆞ니라 즈의ᄂᆞᆫ 소금 셕거 써 먹ᄂᆞ니라

메주 1말에 물 1동이, 소금 5되씩 담아 그늘에 놓아두면 맛이 달아 소금 맛이 감한 후(짠맛이 적어진 후) 위의 곰팡이 진 것을 걷고 시루에 담아 밭친다. 간장만 불을 약하게 하여 달

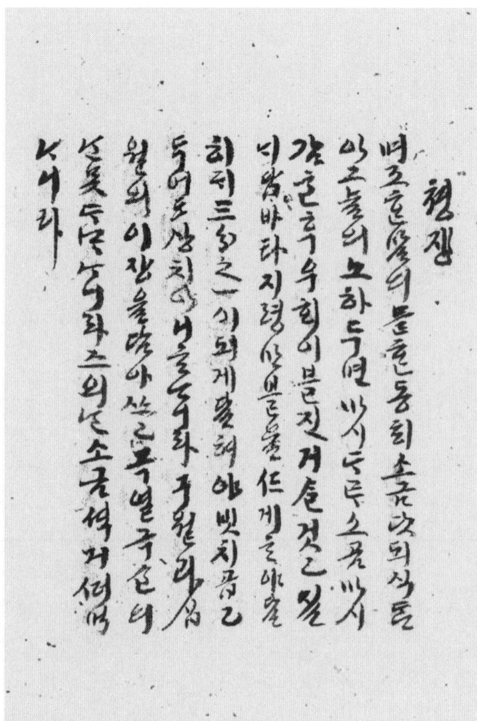

1 이불: 장에 핀 곰팡이를 비유적으로 이르는 말

이되, 3분의 1이 되게 달여야 빛이 곱고 두어도 상하지 않는다. 9월과 10월에 이 장을 담아 쓰고 아주 덥고 추울 때에는 못 담근다. 찌꺼기(된장)는 소금을 섞어 쪄서 먹는다.

즙장 · 즙장

쳡경[1] 으로 긔구[2] 업ᄂᆞ니 도ᄒᆞᆫᄂᆞᆯ 찰 적 ᄒᆞ면 ᄀᆞ장 오ᄅᆡ 두고 ᄡᅧ도 변치 아니 ᄒᆞᄂᆞ니라. 기울이 두 말이면 콩 넉 되ᄅᆞᆯ 너흐되 콩을 ᄉᆞ나흘이ᄂᆞ ᄃᆞᆷ가 두면 거품 뎌 쉰ᄂᆡ ᄂᆞ거든 우물의가 죄 씨셔 기울의 셧거 실ᄂᆡ ᄃᆞᆷᄋᆞ ᄆᆡ이 닉게 ᄧᅧ 기울과 콩이 ᄒᆞᆸᄒᆞ도록 ᄆᆞ히 ᄶᅵ허 며조를 ᄌᆞᆯ게ᄌᆞᆯ게 쥐여 버들그르ᄉᆡ나 딜그라ᄉᆡᄂᆞ 닥닙흘 켸 두어 안쳣다가 사나흘 만의 보면 부희엿케 ᄯᅥᆺ거든 밋 가흘나 ᄃᆞᆺᄃᆞ가 사나흘만 디나거든 볏ᄒᆡ 대엿ᄉᆡ만 ᄆᆞ이 ᄆᆞᆯ뇌 ᄶᅵ허 굴근 체로 쳐 소곰믈의 반쥭을 ᄒᆞ되 며조두 말이면 소곰 ᄒᆞᆫ 되나 조히 너코 질기 되기ᄂᆞᆫ 손을 쥐여보아 쥐이면 마ᄌᆞ니라. ᄂᆞ물도 소금물의 ᄃᆞᆷ으되 ᄶᅩᆫ 침치ᄒᆞ야 ᄃᆞᆷ으ᄃᆡ ᄡᅥᆨ 안치ᄃᆞ시 나믈노 ᄒᆞᆫ 켸 밥[3]으로 ᄒᆞᆫ 켸 안치ᄃᆡ ᄡᅥᆨᄀᆞᆺ되편편치 아니 ᄒᆞ니 밥이 너모 만흐면 ᄉᆞ각ᄉᆞ각 ᄒᆞ고 ᄂᆞ믈이 만흐면 싀게 되니 갈플 아라 알마초 ᄒᆞ여야 됴코 두험을 궁글깁기 큰 산아희 가슴의 치이게 ᄑᆞ고 플을 셔너 바리 븨여 ᄊᆞ흐라 너코 겨 셔너 그르시나 뭇고 믈 다여셧 그르시나 브으ᄃᆡ 날이 덥거든 그져 붓고 칩거든 ᄭᅳᆯ혀 붓고 거젹으로 우흘만이 덥고 ᄃᆞᆺ다가 ᄉᆞᄂᆞ흘 만의 보면 손을 못 다히게 ᄯᅥ 덥거든 그졔야 깁피 속을 허여고 즙디히 항을 무더다가 나흘 만식젼 내면 국진국진[4]ᄒᆞ니라 뭇고 부ᄃᆡ 거젹으로 우흘 만이덥허야 됴코 국진ᄒᆞ여야 잘되ᄂᆞ니라. ᄡᅳ기를 우흐로셔 ᄂᆞ리ᄡᅳ지 말고 밋흐로셔 치ᄡᅧ야 조심업ᄂᆞ니라. 쳐음 반쥭ᄒᆞᆯ 졔 지령과 ᄆᆡᆨ아ᄀᆞᄅᆞ와 ᄉᆞᆯ을 너흐면 조흐니라

쉬운 방법이 없나니 돼지날 날씨가 찰 때 하면 가장 오래 두고 써도 변치 않는다.
기울이 2말이면 콩 4되를 넣는다. 콩을 3~4일이나 (물에) 담

1 쳡경: 가장 쉽고 빠른 방법을 비유적으로 이르는 말
2 긔구: 몹시 바라고 구함
3 밥: 기울을 넣어 띄운 메줏가루를 소금물로 반죽한 것을 표현함
4 극진(極盡): 농도가 아주 진하거나 아주 좋은 상태

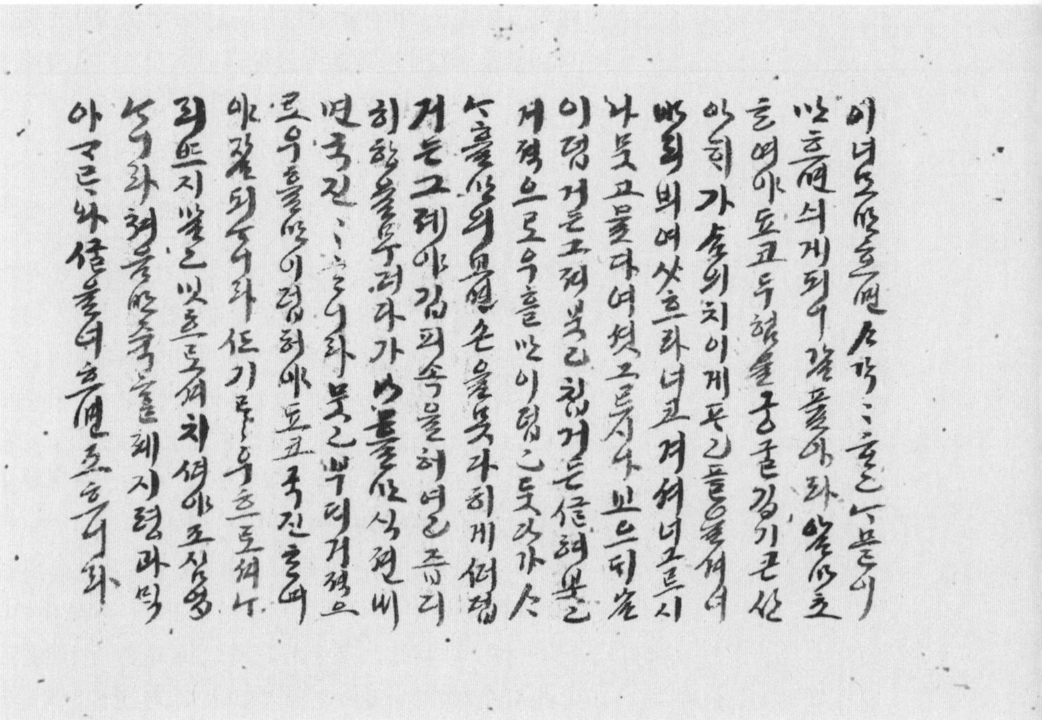

가두고 거품이 생겨 쉰내가 나거든 우물에 가서 잘 씻는다. (콩에) 기울을 섞어 시루에 담아 잘 익게 쪄 기울과 콩이 섞이도록 많이 찧는다. 메주를 잘게 쥐어 버들그릇이나 질그릇에 닥잎을 켜켜이 두어 안친다. 3~4일 지나 부옇게 뜨면 밑을 기울여두고, 3~4일이 지나거든 볕에 5~6일 충분히 말려 찧어 굵은 체로 친다. (메줏가루를) 소금물에 반죽하되 메주 2말이면 소금 1되 정도 넣고, 질고 되기는 손으로 쥐어보아 (덩어리가) 쥐어지면 알맞다. 나물도 소금물에 담가 떡 안치듯이 나물 한 켜 밥(메주반죽) 한 켜를 넣되, 떡같이 편편하게 안친다. 밥이 너무 많으면 사각사각하고 나물이 많으면 쉬게 되니 갈풀(메주반죽의 질고 된 정도)을

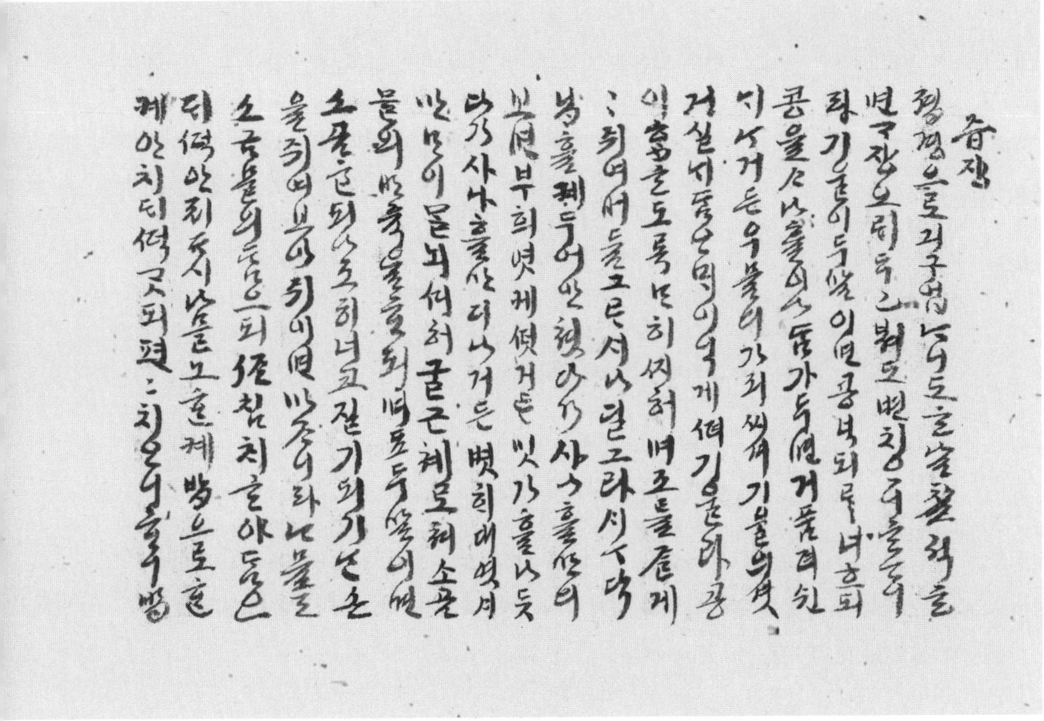

알아서 맞춰야 좋다. 두엄 구덩이 깊이가 큰 사나이 가슴에 차이게 파고, 풀을 3~4바리 베어 썰어 넣고, 겨 3~4그릇을 묻은 다음 물 5~6그릇을 붓되 날이 더우면 그냥 붓고 추우면 끓여 붓는다. 거적으로 위를 많이 덮어두었다가 3~4일 지나 손이 못 댈 정도로 뜨거우면 속을 깊이 헤치고 즙디히 항아리를 묻었다가 4일 뒤에 식전에 내면 극진하다. 묻고 거적으로 위를 많이 덮어야 좋고 더없이 극진하다. 또 그릇으로 뜰 때 위에서 내리 뜨지 말고 밑에서 위로 치 떠야 탈이 나지 않는다. 처음 반죽할 때 간장과 맥앗가루(엿기름가루)와 꿀을 넣으면 좋다.

대초초 · 대추초

반은 닉은 ᄃᆡ초ᄅᆞᆯ ᄒᆞᆫ 벌 씨셔 다소 간의 녓ᄂᆞᆫ 항의 七合만 되게 너코 ᄂᆡᆼ슈ᄅᆞᆯ 제몸 ᄃᆞᆷ길 ᄆᆞᆫ치 붓고 손으로 눌너 보면 밥 안친 맛치 손등에 물이 덥히게 ᄒᆞ야 텨ᄆᆡ야 두엇ᄃᆞ가 여러 ᄂᆞᆯ 되야 골아지고 쉰ᄂᆡ ᄂᆞ거든 ᄃᆡ초 셔 되만 ᄒᆞ거든 ᄊᆞᆯ ᄒᆞᆫ 되 밥 짓고 누룩 ᄆᆞ니 ᄶᅵ허 츠지 말고 밥과 갓치 ᄒᆞᆫᄃᆡ 너흐ᄃᆡ 밥이 식거든 녜ᄉᆞ 상슐[1]노 비져 괴여 멀거 ᄒᆞ거든 ᄃᆡ초 ᄒᆞᆫᄃᆡ 드러브어 두면 오란 후 ᄀᆞᄅᆞ안ᄌᆞ ᄆᆞᆰ고 싀고 조흐니라. ᄲᅧ 가며 ᄆᆞᆰ은 슐이ᄂᆞ 혹 후쥬[2]나 부어가며 ᄡᅳᄂᆞ니라. ᄃᆡ강 각식으로 ᄒᆞᆫ 초라면 ᄂᆡ도 됴흐니라

반쯤 익은 대추를 한 번 씻어 (그 양이) 많든 적든 간에 항아리에 7부가 되도록 넣는다. 대추가 잠길 만큼 냉수를 붓고 손으로 눌러보아 밥 안친 만큼 손등에 물이 덮이게 하여 쳐매어두었다가 여러 날 지나면 곯고 쉰내가 난다. 대추 3되 분량이면 쌀 1되로 밥을 짓고 누룩을 많이 찧어 치지 말고

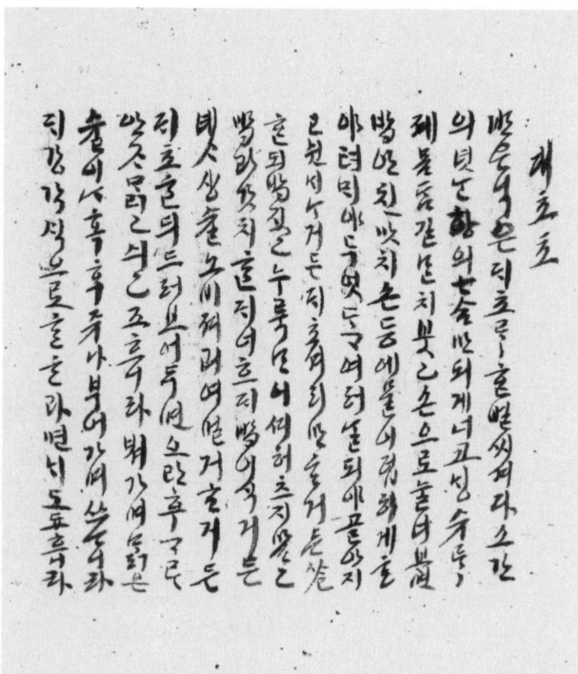

1 상술(常-): 보통의 술
2 후주(後酒) : 술을 떠내고 재강에 물을 부어 다시 떠낸 술

밥과 같이 한데 넣되, 밥이 식거든 보통법으로 술을 빚는다. 괴어서 멀겋거든 대추를 한데 들이부어두면 오랜 후 가라앉아 맑고 시고 좋다. 맑은 술이나 혹은 후주를 부어 가며 쓴다. 대강 각색으로 한 초라면 내어도 좋다.

초법 · 초 만드는 법

싱도ᄅᆞ지ᄅᆞᆯ ᄒᆞᆫ 벌 씨셔 찌어셔 항의 너코 춘춘 눌너 ᄊᆞ미여 두어 여러놀 되면 곰팡이 쓸 거시니 슐을 부오ᄃᆡ 지독ᄒᆞᆫ 슐을 졔 몸 좀길 만치 부어 또 七日만의 조흔 슐을 부어 두고 무근 누룩 세 덩이식 ᄆᆡ이 구어 너흐면 초이 닉어 쥰ᄒᆞ고[1] 죠ᄒᆞ니라

생도라지를 한 번 씻어 찧어서 항아리에 넣고 찬찬히 싸매어 두어 여러 날 되면 곰팡이가 쓸 것이니 술을 붓되 지독한 술을 제 몸이 잠길 만큼 붓는다. 또 7일 만에 좋은 술을 부어두고 묵은 누룩 3덩이씩 구워 넣으면 초가 익어 진하고 좋다.

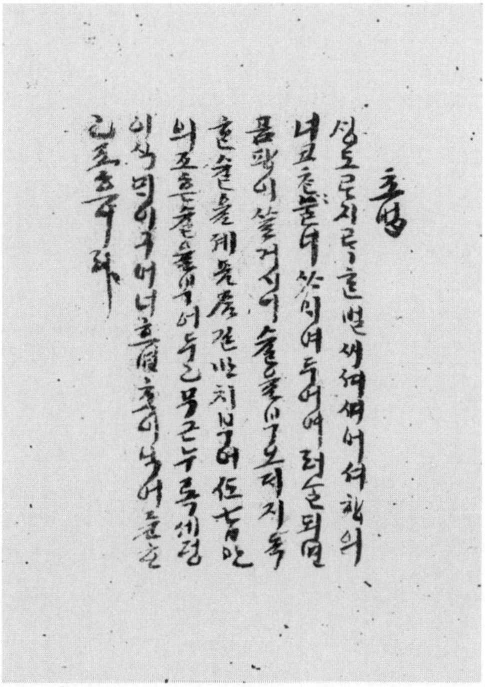

1 준하다: (술, 식초) 그 맛 따위가 독하거나 진하다.

술

술은 총 21주품 29주방문을 기록하였다. 백일주, 소곡주 별법, (소곡주) 옛법, 청명주, (청명주) 또 다른 법, 하일주, 맑은 벽향주, 된 벽향주, 향온주, (향온주) 또 다른 법, 옥지주, 이화법, 이월 이화주, 단 이화주, 과하주, (과하주) 또 다른 법, 사시주, 삼해주, 하향주, 별향주, 감주, 하주, 합주, 보리청주, (이화국) 보리청주, 녹두누룩으로 술 빚는 법, 지주, 호산춘, 자하주를 소개하였다. 주방문의 내용을 보면 철저하게 독특한 '가문비법'의 주방문을 기록한 것임을 알 수 있다.

귀때그릇(귀대접) _ 액체인 술, 간장, 식초, 기름 등을 아구리가 작은 단지나 병에 옮길 때 흘리지 않고 따르도록 편하게 쓸 수 있는 부엌 도구이다. 대접처럼 넓게 만들어진 그릇의 한편에 액체가 한 곳으로 모여 흘러내릴 수 있게 귀를 달아 만든 형태이다. 대부분 질그릇이나 옹기, 나무 소재로 만든다.

빅일쥬 · 백일주

정월 쳣 ᄃᆞᆺ날 ᄎᆞᆯᄡᆞᆯ 셔되 ᄌᆞᆨ말[1]ᄒᆞ고 믈 셰 ᄉᆞ발의 쥭 ᄡᅲ어 셔늘케 ᄎᆡ와 국말[2] 셔 되 진말 셔 되 셧거 항의 너허 ᄒᆞᆫᄃᆡ[3] 두엇ᄃᆞ가 이월 시무날긔 ᄡᆞᆯ 너 말 빅셰 ᄌᆞᆨ말ᄒᆞ야 믈 ᄃᆡ말[4] 부어 ᄀᆡ야 ᄎᆡ와 슐밋 버무려 너헛ᄃᆞ가 삼월의 ᄡᆞᆯ 닷 말의 디에 ᄧᅧ 믈 ᄃᆡ말의 버므려 ᄎᆡ와 네ᄉᆞ 슐 빗ᄃᆞᆺ 버므려 ᄉᆞ월 초싱의 ᄆᆞᆰ거든 ᄯᅥ 쓰라.

정월 첫 돈(돼지)날 찹쌀 3되를 가루를 내어 물 3사발로 죽을 쑤어 서늘하게 식힌다. 누룩가루 3되, 밀가루 3되를 섞어 항아리에 넣어 밖에 둔다. 2월 20일쯤 쌀 4말을 깨끗이 씻어 가루를 내어 물 대말을 부어 개어서 식혀 술밑에 버무려 (항아리에) 넣는다. 3월에 쌀 5말을 지에(밥)를 쪄서 물 대말을 붓고 버무려 식혀 보통 술 빚듯 버무려 넣는다. 4월 초순에 맑거든 떠서 쓴다.

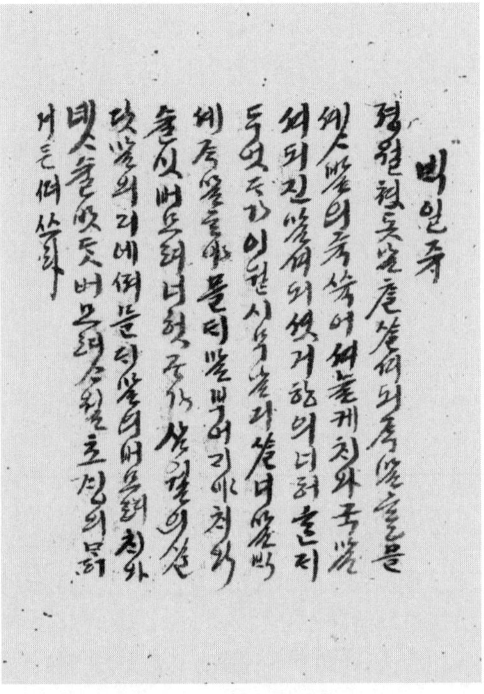

1 작말하다: 가루 내다
2 국말: 누룩가루
3 한데 : 집채의 바깥을 말한다.
4 대말: 큰말. 열 되들이 말

소곡쥬 별법 · 소곡주 별법

정월 첫 돗날 빅미 닷 되 작말ᄒᆞ야 물 셔 말의 쥭 쑤어 ᄒᆞᆫᄃᆡ 펴 둣ᄃᆞ가 식거든 국말 오 홉 진말 오 홉 너허 져어 둣ᄃᆞ가 이튼날 뎜미 셔 말 혹 너 말 닉게 쪄 덩이덩이 뭉쳐 ᄒᆞᆫᄃᆡ 노아두면 얼낙 녹으락 더져 둣ᄃᆞ가 삼ᄉᆞ월의 쓰ᄃᆡ 오리도록 밉고[1] 향긔로오니라.

정월 첫 돼지날 멥쌀 5되를 가루를 내어 물 3말로 죽을 쑤어 밖에 펴 둔다. 식거든 누룩가루 5홉, 밀가루 5홉을 넣어 저어둔다. 이튿날 찹쌀 3말 또는 4말을 익게 쪄 (차게 식거든 술밑과 고루고루 섞어) 덩이덩이 뭉쳐 (항아리에 담아) 바깥에 놓아둔다. 얼듯 녹듯 두었다가 3~4월에 쓰되 오랫동안 맵고 향기롭다.

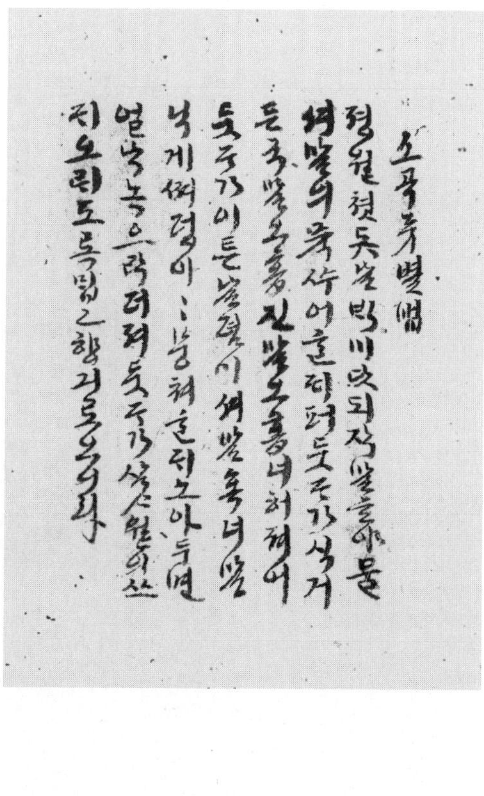
소곡쥬별법
정월 첫돗날 빅미 닷되 작말ᄒᆞ야 물
셔말의 쥭 쑤어 ᄒᆞᆫᄃᆡ 펴 둣ᄃᆞ가 식거
든 국말 오홉 진말 오홉 너허 져어
둣ᄃᆞ가 이튼날 뎜미 셔말 혹 너말
닉게 쪄 덩이덩이 뭉쳐 ᄒᆞᆫᄃᆡ 노아두면
얼낙 녹으락 더져 둣ᄃᆞ가 삼ᄉᆞ월의 쓰
ᄃᆡ 오리도록 밉고 향긔로오니라

1 술이 맵다는 표현은 술의 알코올 도수가 높아 독하다는 뜻이다.

정월 망간 ᄇᆡᆨ미 닷 말 ᄇᆡᆨ세 작말ᄒᆞ야 ᄂᆡᆨ게 ᄧᅧ 여러 소금[1] ᄭᅳᆯ은 믈 닐곱 말 부어 고로ᄃᆡ 쳐음은 젹게 부어 밥 읍시ᄒᆞᆫ 후 다 부어 밤 ᄉᆡ워 ᄆᆞ니 ᄎᆞ거든 국말 일곱 되 셧거 독브리를 조희[2]로 발ᄂᆞ 둣ᄃᆞ가 ᄉᆞ월 팔일 젼의 白米 十斗 粘米 五斗 다 百洗ᄒᆞ야 ᄂᆡᆨ게 ᄧᅧ ᄊᆞᆯ흔 믈 열셔말의 골나 밤ᄌᆡ와 식거든 국말 셔 되 밋술 ᄂᆡ여 ᄒᆞᆫᄃᆡ 범므려 너허 두면 오월 초싱이야 ᄂᆡᆨ어 ᄆᆞᆰ으니 빗과 마시 긔특ᄒᆞ니라.

정월 보름쯤 멥쌀 5말을 깨끗이 씻어 가루를 내어 익게 쪄 여러 차례 솟구치게 끓는 물 7말을 부어 잘 섞는다. 처음은 물을 적게 부어 밥알 없이 한 후에 나머지 물을 다 부어 밤 동안 재운다. 많이 차갑거든 누룩가루 7되를 섞어 (독에 넣고) 독 부리를 종이로 발라둔다. 4월 8일 전에 멥쌀 10말과 찹쌀 5말을 깨끗이 씻어 익게 쪄 끓는 물 13말에 잘 섞어 밤 동안

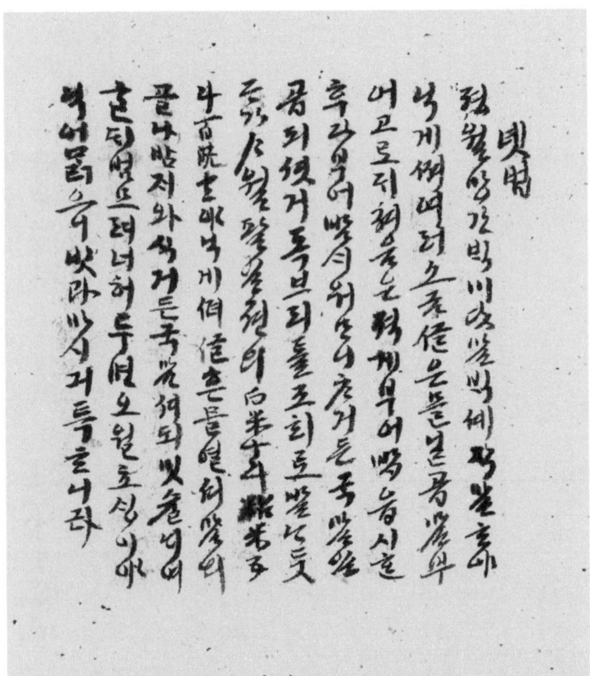

1 소끔: 끓어오르는 모양. 일정한 정도로 한 차례 진행되는 모양 한소끔

2 조희: 종이

재운다. 식거든 누룩가루 3되와 밑술을 같이 버무려 (독에) 넣어둔다. 5월 초순이 되면 익어 맑고 (술)빛과 맛이 기특하다.

청명쥬 · 청명주

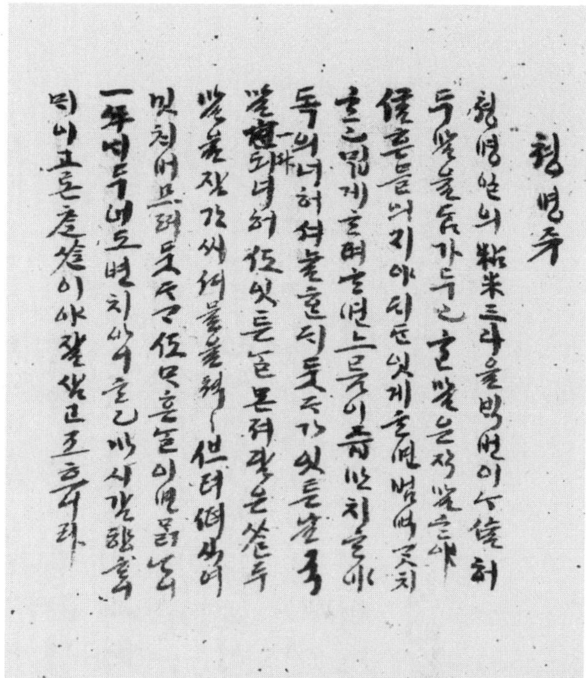
청명쥬

청명일의 粘米 三斗을 ᄇᆡᆨ 번이ᄂᆞ 쓸허[1] 두 말을 ᄃᆞᆷ가 두고 ᄒᆞᆫ 말은 작말ᄒᆞ야 ᄭᅳᆯ흔 믈의 ᄀᆡ야ᄃᆡ ᄃᆞᆫ 잇게 ᄒᆞ면 범벅ᄀᆞᆺ치[2] ᄒᆞ고 ᄆᆡᆸ게 ᄒᆞ려 ᄒᆞ면 느름이즙만치[3] ᄒᆞ야 독의 너허 셔늘ᄒᆞᆫ ᄃᆡ ᄃᆞᆺᄃᆞ가 잇튼날 국말 ᄒᆞᆫ 되(一升) 너허 ᄯᅩ 잇튼ᄂᆞᆯ 몬져 담은 ᄡᆞᆯ 두 말을 잠간 씨셔 물을 쳑쳑 ᄲᅳ려 ᄧᅧ 식여 ᄆᆡᆺ치 버므려 ᄃᆞᆺᄃᆞᄀᆞ ᄯᅩ ᄆᆞᄒᆞᆫ ᄂᆞᆯ이면 ᄆᆞᆰᄂᆞ니 一年ᄂᆡ 두어도 변치 아니ᄒᆞ고 마시 감향ᄒᆞ니 ᄆᆡ이 고론 출ᄡᆞᆯ이야 잘 삼고 조흐니라.

청명일에 찹쌀 3말을 여러 번 쓿어 2말을 (물에) 담가두고 1말은 가루를 내어 끓는 물로 개는데, 단맛이 있게 하려면 범

1 쓿다: 거친 쌀, 조, 수수 따위의 곡식을 찧어 속꺼풀을 벗기고 깨끗하게 하다.
2 범벅같이 되직한 상태의 농도
3 밀가루를 묽게 반죽과 같은 묽은 상태의 농도

作醋法

白粘米二斗百洗ᄒᆞ야作末ᄒᆞ야熱水三四瓶의
쥭기와이만치쥭作어冷저든국말진말가
오홉고로섯거너허져ᄇᆞᆯ이면ᄃᆞ손ᄇᆡ의두
그녀ᄅᆞᆷ이면冷ᄃᆡ두엇다가ᄆᆞᆰ거든粘米一
斗百洗ᄒᆞ야ᄃᆞᆷ가ᄃᆞ再ᄆᆞ이쳐와젼舍를
두어ᄡᅥᆫ보ᄃᆞᆺ무ᄒᆡ이ᄌᆞ믈너ᄊᆞᆺᄊᆞᆺ치ᄂᆞ려ᄯᅥ
허이친後쓰ᄃᆡ싱쳘ᄉᆞ면조ᄒᆞ니라쥭이
덥게ᄒᆞᆯ러ᄒᆞ면쥭과밥을ᄀᆞ즁처와ᄃᆞᆯ
ᄂᆞ덥게ᄒᆞ되ᄒᆞ면쥭밥을ᄎᆞᆷ가ᄃᆞ소게
ᄒᆞᆫ됴케ᄒᆞ되ᄒᆞ면처온칠에너흐라

벅같이 (되게) 하고, 맵게 하려면 느르미즙처럼 (묽게) 하여 독에 넣어 서늘한 곳에 두었다가 이튿날 누룩가루 1되를 넣는다. 또 이튿날 먼저 물에 담가둔 쌀 2말을 잠깐 씻어 물을 척척 뿌려 쪄서 식혀 밑술에 버무려 (독에 담아) 둔다. 40일이면 맑아지고, 일 년 내내 두어도 변하지 않고 맛이 달고 향기로우니 매우 고른 찹쌀이라야 만들기 좋다.

(청명쥬) 또 ᄒᆞᆫ 법 · 청명주 또 다른 법

白粘米 二斗 百洗ᄒᆞ야 作末ᄒᆞ야 熱水 三四 甁의 슉기[1] 의이만치 쥭 쑤어 ᄎᆞ거든 국말 진말 각 오 홉 고로 셧거 너허 겨울이면 ᄃᆞᄉᆞᆫ 방의 두고 여름이면 ᄎᆞᆫ ᄃᆡ 둣ᄃᆞ가 ᄆᆡᆨ 괴거든 粘米 一斗 百洗ᄒᆞ야 ᄃᆞᆷ가ᄃᆞ자 ᄆᆞ이 치와 젼술[2]을 두어 슌 ᄇᆞᄐᆞ 무슈이 쥬믈너 낫낫치 프러져 허이친 후 쓰ᄃᆡ 삼칠 쓰면 조흐니라 국이 ᄆᆡᆸ게 ᄒᆞ려ᄒᆞ면 쥭과 밥을 가ᄌᆞᆼ 치와 ᄃᆞᆯ고 ᄆᆡᆸ게 ᄒᆞ려ᄒᆞ면 쥭밥을 잠간 ᄃᆞᄉᆞ게 ᄒᆞ고 ᄃᆞᆯ게 ᄒᆞ려 ᄒᆞ면 더온 김에 너흐라.

흰 찹쌀 2말을 깨끗이 씻어 가루를 내어 뜨거운 물 3~4병으로 익은 정도가 의이처럼 죽을 쑤어 차게 식힌 후, 누룩가루와 밀가루 각 5홉을 고루 섞어 (독에) 넣는다. 겨울이면 따뜻한 방에 두고 여름이면 찬 곳에 두었다가 막 괴어 오르면 찹쌀 1말을 깨끗이 씻어 (물에) 담갔다가 (고두밥을 쪄서) 식힌다. 밑술을 두어 차례 (체에) 밭쳐 걸러 (고두밥을 섞어) 무수히 주물러 낱낱이 풀어져서 헤쳐진 후 쓴다(독에 담는다). 21일 후에 떠내면 좋다. 국(술)을 독하게 하려면 죽과 밥을 매우 차갑게 하고, 달고 맵게 하려면 죽과 밥을 약간 따뜻하게 하며, 달게 하려면 (죽과 밥을) 더운 김에 넣는다.

1 숙기(熟氣): 익은 정도

2 전술: 밑술

하일쥬 · 하일주

ᄇᆡᆨ미 셔말 百洗 작말ᄒᆞ야 닉게 ᄶᅧ 더온 믈 되가웃식 ᄆᆞᄅᆞ ᄎᆞ거든 조흔 국ᄆᆞᆯ 셔 되ᄅᆞᆯ 섯거 독의 너허 ᄉᆞ흘만의 졈미 셔 말 ᄇᆡᆨ셰ᄒᆞ야 닉게 ᄶᅧ 冷水 엿 되ᄅᆞᆯ ᄲᅳ려 식여 젼ᄉᆞᆯ을 ᄂᆡ여 버므려 삼칠 후 쓰ᄂᆞ니라.

멥쌀 3말을 깨끗이 씻어 가루를 내어 쪄 더운 물 1되 반으로 풀어, 차게 식거든 좋은 누룩가루 3되를 섞어 독에 넣는다. 3일 만에 찹쌀 3말을 깨끗이 씻어 쪄 찬물 6되를 뿌려 식히고, 밑술을 떠내어 버무려 21일 후에 쓴다.

ᄆᆞᆰ은 벽향쥬 · 맑은 벽향주

白米 粘米 各 一斗 五升式 ᄒᆞᆫ되 섯거 百洗 作末ᄒᆞ야 닉ᄭᅦ ᄶᅧ 熱水 四斗노 골ᄂᆞ[1] ᄎᆞ거든 麵末 五升 眞末 一升 五合 섯거 여름은 三日 겨을은 七日 春秋ᄂᆞᆫ 五日 만의 白米 四斗 百洗 作末ᄒᆞ여 닉게 ᄶᅧ 熱水 六斗노 고로고로 골나 ᄎᆞ거든 녹(국)말 ᄒᆞᆫ 되을 젼ᄉᆞᆯ과 섯거 너허 春夏秋冬을 ᄯᆞᄅᆞ가며 몬뎌 ᄒᆞ여 두엇던 일슈과 갓치 둣ᄃᆞ가 ᄯᅩ 白米 四斗을 百洗 作末ᄒᆞ여 ᄶᅧ ᄭᅳᆯ흔 믈 十斗 골ᄂᆞ ᄎᆞ거든 젼ᄉᆞᆯ의 섯거 너허 닉거든 드리워 쓰라.

멥쌀과 찹쌀 각 1말 5되씩 한데 섞어 깨끗이 씻어 가루를 내어 찐 다음 뜨거운 물 4말에 고루 풀어 차게 식거든 누룩가루 5되, 밀가루 1되 5홉을 섞어 (독에) 담는다. 여름은 3일, 겨울은 7일, 봄·가을은 5일 만에 멥쌀 4말을 깨끗이 씻어 가루를 내어 익게 쪄 뜨거운 물 6말로 고루고루 풀어 차게 식거든 누룩가루 1되를 밑술과 섞어 (독에) 넣는다. 봄, 여름, 가을, 겨울을 따라가며 먼저 빚어두었던 일수와 같이 (술독을) 두었다가 또 멥쌀 4말을 깨끗이 씻어 가루를 내어 쪄 끓는 물 10말에 담고, 고르게 풀어두었다가 차게 식으면 덧술에 섞어 (술독에) 넣어 익기를 기다려 걸러서 쓴다.

1 골라: 고르게 섞거나 풀어

하얀쥬

ᄇᆡᆨ미 서 말 百洗 작말ᄒᆞ야 ᄂᆞᆨ게 ᄭᅳ려 온ᄂᆞᆯ
죄 가ᄅᆞ 식거든 조흔 누룩 닷 되ᄅᆞᆯ
섯거 독의 너허 사흘 만의 ᄇᆡᆨ미 서 말
셰ᄒᆞ야 ᄂᆞᆨ게 ᄭᅵ 冷水 엿 되ᄅᆞᆯ ᄲᅳ려 식여
젼술을 시여 ᄆᆞ릐 삭칠 후 ᄡᅳᄂᆞ니라

므ᄅᆞ온 時 향쥬

白米 粘米 各 一斗五升 式 ᄒᆞᆫ듸 섯거 百洗 作末ᄒᆞ
水 ᄂᆞᆨ게 ᄭᅳᆯ힌 熱水 四斗 노ᄀᆞᆯ ᄂᆞ초거든 麯末 ᄒᆞᆫ
斗 眞末 一升 五合 섯거 여ᄅᆞᆷ은 三日 겨ᄋᆞᆯ은
七日 春秋 五日 만의 白米 四斗 白洗 作末ᄒᆞ여
ᄂᆞᆨ게 ᄭᅳᆯ힌 熱水 ᄂᆞ나 노고로 ᄂᆞ 골고로 ᄂᆞ초거든
누룩 ᄒᆞᆫ 되 ᄒᆞᆫ 되 젼술의 섯거 너허 春夏
秋冬 ᄒᆞᆫ가지로 보려 ᄒᆞ여 두어ᄃᆞᆫ 쏜 후
과치 ᄆᆞᆰ거든 白米 四斗 百洗 作末ᄒᆞ여
ᄭᅳᆯ힌 믈 十斗 ᄂᆞ초거든 젼술의 섯거
너허 ᄡᅥ거든 드리워 쓰라

된 벽향쥬 · 된 벽향주

白米 二升 百洗 百洗 作末ᄒᆞ야 쥭 기야 ᄎᆞ거든 국말 ᄇᆞ릐여 七合 고로고로 섯거 항의 너코 ᄯᅥᆨ묵지[1] ᄯᆞ로 쑤어 ᄯᅡᆫ 항의 펏ᄃᆞᄀᆞ 씩거든 누록 약간 ᄲᅵ혀 두고 슐밋 ᄒᆞᆫ 닛틀만의 고론 粘米 一斗 百洗ᄒᆞ야 ᄃᆞᆷ(간/갓)ᄃᆞ 밤지와 이틀만의 ᄶᅵ되 물 ᄲᅮᆯ혀가며 빗치 누ᄅᆞ도록 닉게 ᄶᅧ 노코 슐밋출 쳬예 ᄇᆞᄐᆞ듸 ᄯᅡᆫ 항의 너허던 목지 슐밋ᄎᆞᆫ 쳐 가며 걸너 노코 그졔야 실늘 ᄯᅦ혀 노코 홈지의 즉즉 펴 ᄯᅳ거워 손으로 못 버므려 쥬걱으로 덩이 업시 고로고로 급급[2] 버므려 마즌 항의 눌러가며 너흐되 실ᄂᆡ 거시 식지 아니케 덥허가며 펴ᄂᆡ여 섯거가며 눌러 너허 항의 조곰 골케ᄒᆞ야 ᄃᆞᆫᄃᆞᆫ이 항부리를 봉ᄒᆞ야 ᄆᆞ이 더온 방의 너허 별노 춘춘 ᄊᆞ둣ᄃᆞ가 칠일만의 쓸ᄀᆞ치 돌고 밥을 셧글 졔 김 ᄂᆞ면 ᄆᆡ온 마시 만ᄒᆞ니라 녀름은 슐밋 ᄎᆞᆫ 방의 ᄊᆞ지 ᄋᆞ니코 노아 둣다가 삼일 만 ᄂᆡ면 조흐니라.

멥쌀 2되를 깨끗이 씻어 가루를 내어 (뜨거운 물에 섞어) 죽처럼 만들어 차게 식힌다. 누룩가루를 (볕에) 바래어 7홉을 고루 섞어 항아리에 넣는다. 떡 덩어리를 따로 만들어 다른 항아리에 펴 담아두었다가 차게 식거든 누룩 약간을 뿌려둔다. 술밑을 한 후 이틀 만에 잘 고른 찹쌀 1말을 깨끗이 씻어 물에 담가 하룻밤 재워 불렸다가 이틀 만에 찌되, 물을 뿌려가며 밥 색깔이 누렇도록 찐다. 술밑을 체에 밭치고, 다른 항아리에 넣었던 묵지로 만든 술밑을 체에 거른다. 고두밥을 시루째 떼어 옆에 놓고 함지에 펴 뜨거워서 손으로 못 버무리면 주걱으로 덩어리 없이 풀어헤치고 골고루 빨리 버무려 (두 가지

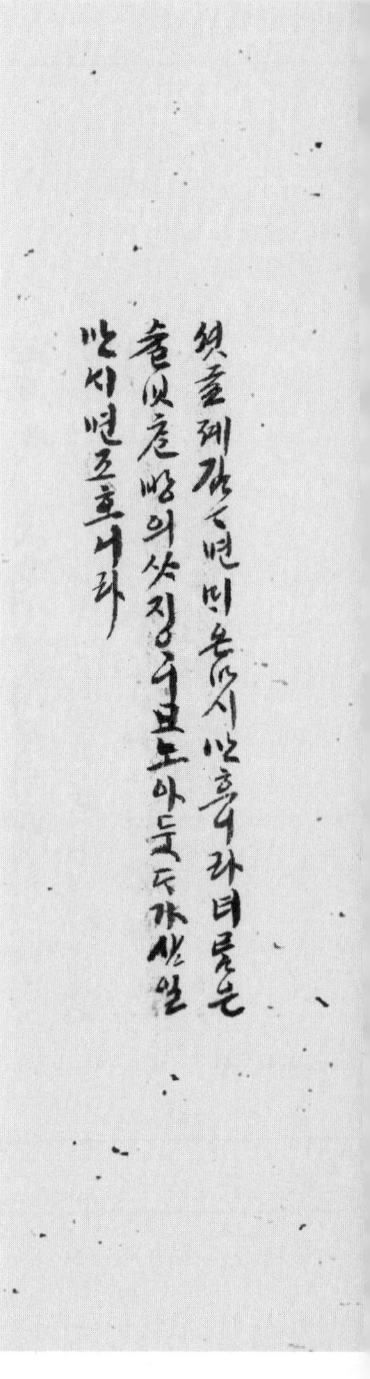
셧글 졔 김ᄂᆞ면 ᄆᆡ온 마시 만ᄒᆞ니라 녀름은 슐밋 ᄎᆞᆫ 방의 ᄊᆞ지 ᄋᆞ니코 노아 둣다가 삼일 만 ᄂᆡ면 조ᄒᆞ니라

1 떡묵지: 떡덩어리
2 급급: 한 가지 일에만 정신을 쏟아 다른 일을 할 마음의 여유가 없는

뎐벽향쥬
白米二斗百洗〻 作末ᄒᆞ야 쥭 ᄀᆞ야 ᄎᆞ거든
국말 닷 되 七合 ᄂᆞ로〻 셕거 ᄒᆞᆫ ᄃᆡ 너코
여름지ᄂᆞ로 ᄡᅮ어 서ᄂᆞᆯᄒᆞᆫ ᄃᆡ 두ᄂᆞ그 ᄡᅳ거
든 누룩 ᄆᆞᆯ 새 최 두고 술 빗 ᄒᆞᆫ 닷 흘고
의 ᄃᆞᆯ 粘米 一斗 百洗 ᄒᆞ야 ᄂᆞᆯ 가로 ᄆᆡ 져와
이틀 ᄂᆞ의 ᄃᆡ 더 물 ᄭᅳᆯ혀 가여 빗치 ᄂᆞ드 도록
식게 ᄒᆞ여 노코 술 밋 ᄎᆞ혀 ᄭᅢ 브ᄃᆞᄃᆡ 또 ᄒᆞᆫ 의
너허 뎐 물 지 술 밋 ᄎᆞ혀 가여 섯 너노코 그래
ᄆᆡ 실늘 ᄒᆞ여 노코 ᄒᆞᆫ 짐 지와 ᄎᆞ〻 펴 ᄃᆞ 거워 ᄃᆞᆫ
으로 옷 ᄡᅥ므려 주져 으로 덮 이여 시 고 ᄃᆞ〻
쥽〻 ᄡᅥ므려 ᄡᅡᆯ ᄎᆞᆫ ᄒᆞᆫ 의 놀여 가여 너ᄒᆞᄃᆡ 실ᄂᆡ
져 식지 아니게 ᄒᆞ혀 가여 펴 서여 섯 거 가여
눌러 너허 ᄒᆞᆫ 의 ᄌᆞ로 ᄆᆞᆯ게 ᄒᆞ야 ᄃᆞᆫ〻 이 ᄒᆞᆯ
부ᄃᆡ ᄃᆞ〻 ᄲᅮᆯᄒᆞ야 ᄆᆞᆺ 이 더 온 밤 의 너 러 ᄇᆞᆯ노ᄒᆞᆫ
〻 ᄡᆞᆯ 닷다가 칠 일 ᄉᆞᆯ의 ᄆᆞ치 두고 ᄡᅳ믈을

밑술을 골고루 섞어서) 알맞은 항이리에 눌러가면서 담아 익힌다. 시루의 고두밥이 식지 않도록 (베보자기나 뚜껑을) 덮어가면서 퍼내어 섞어가며 눌러 넣고, 항아리에 고르게 담아 항 부리를 단단히 봉하여 많이 더운 방에 놓아둔다. 또 (이불 따위로 항아리를) 찬찬이 싸두었다가 7일 만에 (내면) 꿀같이 달고, 밥을 섞을 때 김이 빠져나가면 맛이 독하다. 여름은 술밑을 찬방에 싸지 않고 놓아두었다가 3일 만에 내면 좋다.

향온쥬 · 향온주

白米 一升 百洗 作末ᄒᆞ야 구무떡 셋 비져 믈 ᄒᆞᆫ ᄉᆞ발의 살마 식거든 조흔 국말 一升을 고로고로 셧거 쳐 삼던 물을 ᄒᆞᆫᄃᆡ 버므려 너허 ᄃᆞᆫᄃᆞᆫ이 ᄊᆞ셔 둣ᄃᆞᄀᆞ 四日만의 粘米 一斗을 百洗ᄒᆞ야 ᄃᆞᆷ갓ᄃᆞ가 밤 지와 ᄶᅧ 식여 젼쥴을 ᄂᆡ여 고로고로 석거 항의 너허 ᄂᆡᆨ거든 드리오ᄃᆡ ᄂᆞᆯ물긔 유긔 범치 말나.

멥쌀 1되를 깨끗이 씻어 가루를 내어 구멍떡 3개를 빚어 물 1사발에 삶는다. 식거든 좋은 누룩가루 1되를 골고루 섞어 치대는데, (구멍떡) 삶았던 물을 한데 섞고 버무려 (항아리에) 넣어 단단히 싸둔다. 4일 만에 찹쌀 1말을 깨끗이 씻어 물에 담가 하룻밤을 재워 (고두밥을) 쪄서 차게 식혀 밑술을 내어 고루 섞어 항아리에 넣는다. 익거든 거를 때 날물기와 기름기(또는 놋그릇)를 피해야 한다.

향온쥬

白米一升百洗作末ᄒᆞ여 구무떡 ᄆᆡᆫ비져 물

ᄒᆞᆫ ᄉᆞ발의 ᄉᆞᆯ마 식거든 조흔 국말 一升을

ᄂᆞ로〃 섯거 쳐 ᄉᆞᆯ련 물을 ᄒᆞᆫ 뎌 ᄲᅧᆷ 一려너

허돈〃 이 ᄊᆞᆺ셔 두ᄀᆞ 쪄 ᄆᆞᆫ의 粘米一斗를

百洗ᄒᆞ야 ᄃᆞᆷ갓다가 ᄇᆡᆺ 지와 셔 식여 뎐술

을 너여 고로〃 섯거 한의 너허 ᄡᆞᆨ거든 또

되오ᄃᆡ 놀ᄂᆞᆯ 괴 ᄋᆞᆯ괴 ᄲᆡᆷ 지 말나

(향온쥬) 또 ᄒᆞᆫ 법 · 향온주 또 다른 법

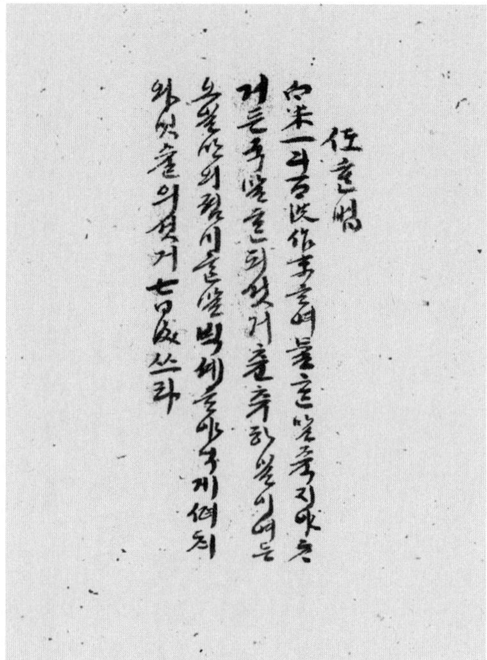
또 ᄒᆞᆫ 법
白米一斗百洗作末ᄒᆞ여 물 ᄒᆞᆫ 말 죽 지야 ᄎᆞ
거든 국말 ᄒᆞᆫ되 섯거 춘츄하일이여든
오일만의 졈미 ᄒᆞᆫ 말 빅세ᄒᆞ야 닉게 셔치
와 밋술의 섯거 七日後 쓰라

白米 一斗 百洗 作末ᄒᆞ여 물 ᄒᆞᆫ말 (로) 죽 지야 ᄎᆞ거든 국말 ᄒᆞᆫ 되 섯거 춘츄하일이여든 오일만의 졈미 ᄒᆞᆫ 말 빅세ᄒᆞ야 닉게 셔 치와 밋술의 섯거 七日後 쓰라.

멥쌀 1말을 깨끗이 씻어 가루를 내어 (뜨거운) 물 1말로 죽처럼 개어 차게 식거든 누룩가루 1되를 섞는다. 봄, 여름, 가을이면 5일 만에 찹쌀 1말을 깨끗이 씻어 익게 찐 뒤 식혀 밑술에 섞어 7일 후에 쓴다.

옥지쥬 · 옥지주

白米 一斗 百번이나 쓸허 百번이나 씨셔 찌허 닉게 쪄 熱水 九升의 골나 식거든 이튼날 누록 두 되 진말 五合 셧거 독의 너허 밤 ᄌᆞ거든 도로 닉야 누록 진말 각 두 홉 졈미 셔 되 백세ᄒᆞ야 닉게 쪄 식여 젼슐의 버므려 노코 실빅ᄌᆞ[1] 닷 홉을 두드ᄃᆞ려 독 밋헤 노코 너허 둔둔이 봉ᄒᆞ야 두면 닉으되 겨울을 조치 ᄋᆞ니ᄒᆞ고 날물긔 일졀 말나.

멥쌀 1말을 여러 번 씛어 깨끗이 씻어 찧어 익게 쪄 뜨거운 물 9되를 고루 섞어 식힌다. 이튿날 누룩 2되와 밀가루 5홉을 섞어 술독에 넣어 하룻밤을 재워 다시 꺼낸다. 누룩과 밀가루 각 2홉과 찹쌀 3되를 깨끗이 씻어 익게 쪄 식힌 것을 밑술에 버무려 넣는다. 껍질 벗긴 잣 5홉을 두드려 독 밑에 놓고 (밑술을) 넣어 단단히 봉해두면 익는다. 겨울철은 좋지 않고 날물기가 일절 들어가지 않게 한다.

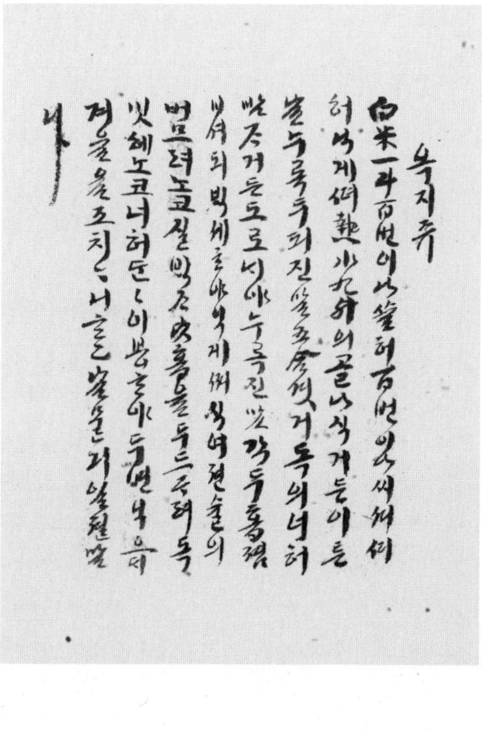

1 실백자: 껍질을 벗긴 잣

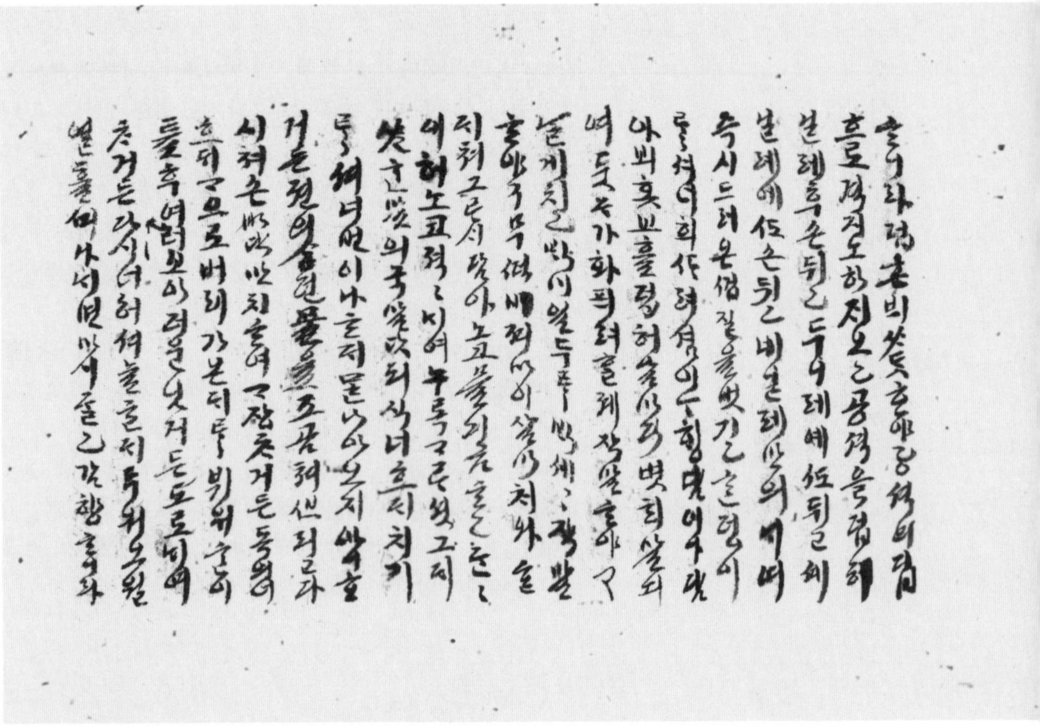

니화법 · 이화주법

正月 望日의 白米 一斗를 빅셰ᄒᆞ야 ᄃᆞᆷ갓ᄃᆞ가 밤 ᄌᆞ거든 작말ᄒᆞ되 ᄀᆞᆫ 니 뇌야 물을 알마초 아오라 올희알만치 ᄃᆞᆫᄃᆞᆫ이 쥐ᄃᆡ 믈이 마ᄂᆞ면 덩이 속의 로ᄅᆞᆫ졈 잇고 믈이 젹으면 덩이 빗기 편편티 아니 ᄒᆞ고 ᄃᆞᆫᄃᆞᆫ치 아니 ᄒᆞᄃᆡ 너모 ᄃᆞᆫᄃᆞᆫᄒᆞ여도 마시티 아니ᄒᆞ니라 덥흔 ᄇᆡ ᄊᆞᆺ둣ᄒᆞ야 공셕의 딥흐로 격지 노하 ᄌᆡ오고 공셕[1]으로 덥허 닐헤 후 손 뒤고 두니레예 ᄯᅩ 뒤고 셰닐례예 ᄯᅩ 손 뒤고 네닐레 만의 ᄂᆡ여 즉시 드러온 껍질을 벗기고 ᄒᆞᆫ 덩이롤 셔너희 ᄲᅡ려 셤이ᄂᆞ 힝담[2]이나 담아 뵈 홋보흘 덥허 날마다 볏ᄒᆡ 말뇌여 둧ᄃᆞ가 화 픠려홀 제 작말ᄒᆞ야 ᄀᆞ놀게 치고 빅미 일 두롤 빅셰빅셰 작말ᄒᆞ야 구무떡 비져 마

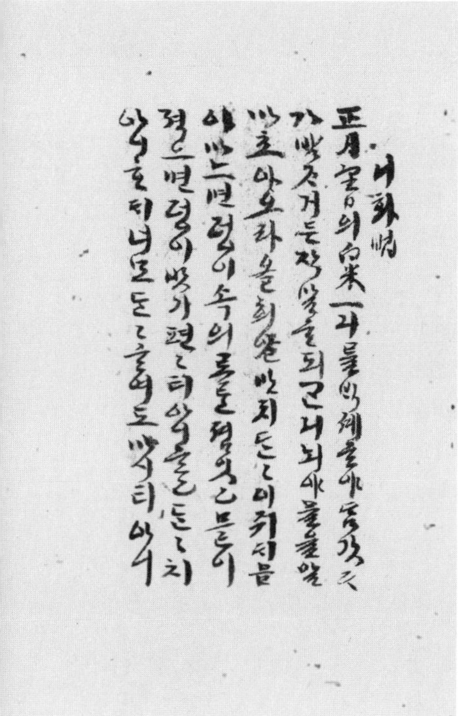

이 살마 ᄎᆡ와 ᄒᆞᆫᄃᆡ 쳐 그ᄅᆞ시 담아 노코 믈긔 금ᄒᆞ고 ᄃᆞᆫᄃᆞᆫ이 허 노코 젹젹 ᄂᆡ여 누록ᄀᆞᄅᆞ 셧그ᄃᆡ ᄡᆞᆯ ᄒᆞᆫ 말의 국말 닷 되식 너흐ᄃᆡ 치기ᄅᆞᆯ 셔너 번이나 하ᄃᆡ ᄆᆞᆯ나 아오지 아니ᄒᆞ거든 젼의 ᄉᆞᆷ던 물을 조곰 쳐 쓰리고 다시 쳐 손바닥만치 ᄒᆞ여 ᄀᆞ장 ᄎᆞ거든 독의 너흐ᄃᆡ ᄀᆞ으로 버려 가온ᄃᆡᄅᆞᆯ 뷔워 ᄒᆞᆫ 이틀 후 여러 보아 더운 ᄂᆡᆺ거든 도로 ᄂᆡ여 ᄎᆞ거든 다시 너허 셔늘ᄒᆞᆫ ᄃᆡ 두워 오월 열흘씌나 ᄂᆡ면 마시 ᄃᆞᆯ고 감향[3]ᄒᆞ니라.

1월 보름날에 멥쌀 1말을 깨끗이 씻어 물에 담가 하룻밤 재운 뒤 가루를 내어 체에 내려 물을 알맞게 (넣어) 어우러지게 섞어 오리알만 한 크기로 단단히 뭉친다. 물이 많으면 덩이 속에 노란 점이 생기고 물이 적으면 덩어리를 만들기가 편하지 않고 단단하지 않으며, 너무 단단하여도 (술)맛이 좋지 않다. 덮은 베보자기 싸듯 하여 빈 가마니에 볏짚으로 격지를 놓아 재우고, 빈 가마니로 덮어 7일 후에 손으로 뒤집어놓는다. 14일 만에 또 뒤집어놓고 21일째에 또 뒤집어놓았다가 28일 만에 꺼내어 더러운 껍질을 벗긴다. 한덩이를 3~4조각으로 깨뜨려 섬이나 행담에 담아 홑베보자기로 덮어 날마다 햇볕에 말려두었다가 (배)꽃이 피려 할 때 가루로 만들어 가는 체에 친다.
멥쌀 1말을 깨끗이 씻어 가루를 내어 구멍떡을 빚는다. 많이 삶아 차게 식혀 (홍두깨로)한데 쳐서 그릇에 담아놓고, 물기를 금하고 단단히 펴놓은 후 조금씩 떼어내 누룩가루를 섞는다. 쌀 1말에 누룩가루를 5되씩 넣되 서너 번에 나눠 넣는다. (떡이) 말라서 어우러지지 않으면 (떡) 삶았던 물을 조금씩 뿌리고, 다시 치대어 손바닥 크기만큼씩 빚어 차게 식거든 독에 넣되 (술독 안) 가장자리로 벌려 안쳐서 가운데가 비게 한다. 이틀 후에 (독을) 열어보아 (술밑이) 더운 (기운이) 있으면 다시 꺼내어 식혀 서늘한 곳에 둔다. 5월 10일쯤 내면 술맛이 달고 감향하다.

1 공석: 빈 가마니
2 행담: 부들이나 싸리로 만든 휴대용 작은 상자
3 감향: 달고 향기로움

이월니화쥬 · 2월 이화주

이월 초츈의 ᄇᆡᆨ미 ᄇᆡᆨ셰ᄒᆞ야 ᄃᆞᆷ아 밤ᄌᆡ와 ᄀᆞᄅᆞ ᄂᆡ아 두 벌 쳐 물의 화합ᄒᆞ야 쥐여 덩이를 지으ᄃᆡ 계란만치 ᄒᆞ야 공셕의 너허 더온 방의 두고 또 그 우의 공셕을 덥허 칠일만의 뒤젹여 삼칠일만의 ᄂᆡ여 것치 더러온 ᄭᅥᆸ질을 벗겨 ᄒᆞᆫ덩이를 셔너 조각의 ᄶᅵ쳐 셤[1]에 ᄃᆞᆷ고 홋보흐로 덥허 두고 날마ᄃᆞ 볏틔 말뇌야 니화 피기를 기ᄃᆞ려 치 픠지 아녀셔 ᄀᆞᆯᄂᆞᆯ ᄆᆞ아 두 번 쳐 白米 一斗를 百洗作末爲 여러벌 뇌야 무구ᄯᅥᆨ[2] ᄆᆞᆫᄃᆞᄅᆞ ᄭᅳᆯᄂᆞᆫ 물의 ᄉᆞᆯ마 건져 뇌야 잠간 ᄎᆞ거든 모화 ᄯᅥᆨ을 만ᄃᆞᄅᆞ 큰 그ᄅᆞ시 ᄃᆞᆷ아 두에를 덥고 젹젹 ᄂᆡ야 누룩ᄀᆞᆯᄂᆞᆯ 혜ᄋᆞ여 버므려 ᄃᆞᆫᄃᆞᆫ이 눌너 너허 항부리를 ᄃᆞᆫᄃᆞᆫ이 ᄊᆞ 올ᄆᆞ존ᄃᆡ 노하 둣다가 닉거든 쓰라.

2월 초 이른 봄에 멥쌀을 깨끗이 씻어 (물에) 담가 하룻밤 재워 가루를 낸 후, 두 번 (체에) 쳐서 물과 고루 섞어 쥐어서 덩이를 만든다. 달걀만 한 크기로 만들어 빈 가마니에 넣어 더운 방에 두고, 또 그 위에 빈 가마니를 덮는다. 7일 만에 뒤적이고, 21일 만에 꺼낸다. 겉의 더러운 껍질을 벗겨 한 덩이를 3~4조각으로 깨뜨려 섬에 담고, 홑보자기로 덮어두고 날마다 볕에 말린다. 배꽃이 피기를 기다렸다가 채 피지 않았을 때 가루를 (내어) (체에) 두 번 친다. 멥쌀 1말을 깨끗이 씻어 가루를 내어 여러 번 (체에) 내려 구멍떡을 만들어 끓는 물에 삶아 건져내서 잠깐 식혀 모아서 떡(덩이)를 만든다. 큰 그릇에 담아 뚜껑을 덮고, 조금씩 떼어내 누룩가루를 짐작하여 버무려서 단단히 눌러 넣는다. 항 부리를 단단히 싸서 알맞은 곳에 놓아두었다가 익으면 쓴다.

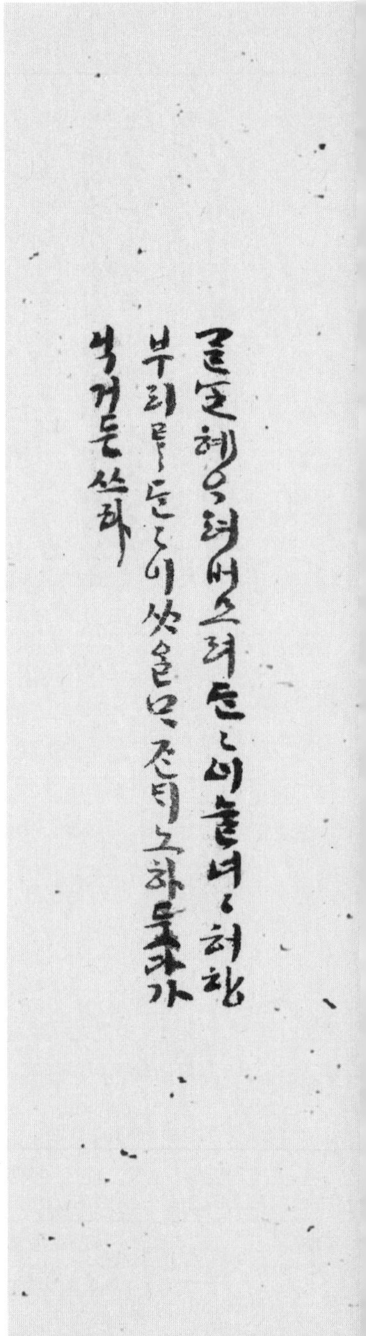
ᄀᆞᆯᄂᆞᆯ혜ᄋᆞ여버므려ᄃᆞᆫᄃᆞᆫ이눌녀너허항
부리ᄅᆞᆯᄃᆞᆫᄃᆞᆫ이ᄊᆞ올ᄆᆞ준ᄃᆡ노하둣다가
닉거든쓰라

1 섬: 멱서리, 짚으로 엮어 만듦
2 무구떡: 구무떡(구멍떡)의 오기

이월 니화쥬

이월 초츈의 ᄇᆡᆨ미 ᄇᆡᆨ셰ᄒᆞ야 ᄃᆞᆷ가 ᄲᆞ셔
와 ᄀᆞᄅᆞ 니아 두 번 쳐 물의 화ᄒᆞ야 쥐
여 덩이를 지으셔 계란ᄆᆞ치 ᄒᆞ야 공셕의
너허 더온 방의 두고 우희 ᄃᆞᆫ셕을
덥허 칠일 만의 뒤젹여 샹ᄎᆞ 울ᄒᆞ야 의 ᄉᆡ
여 것치 러러 본 ᄭᅥᆸ질을 벗셔 ᄒᆞᆫ 덩이
를 ᄒᆞ여 조각의 ᄶᅵ 취ᄒᆞ여 셤에 ᄃᆞᆷ고
효로 덥허 두고 ᄒᆞᄅᆞ 세 번식 뒤젹여 니화
픠기를 기ᄃᆞ려 ᄎᆞ 픠지 아니 ᄒᆞ엿거든 ᄯᅩ ᄒᆞ이
두 번 쳐 白米 十斗 ᄂᆞᆫ 古法 ᄒᆞ여 되 ᄒᆞ여
아무 ᄯᅥᆨ ᄆᆞᆫ드ᄅᆞ 노를 ᄒᆞ야 건져 되
ᄆᆡ 생각 ᄒᆞ여 ᄃᆞ 노화 ᄯᅥᆨ을 ᄒᆞᄃᆞᆫ 그
ᄅᆞ셔 ᄃᆞᄒᆞ여 두에 덥ᄒᆞ 적 ᄂᆡ야 누룩

ᄃᆞᆫ니화쥬 · 단이화주

白米一斗 百洗作末爲 깁체로ᄆᆞᆫ ᄂᆡ야 ᄭᅳᆯᄂᆞᆫ 물의 반쥭ᄒᆞ되 너모 되면 치지 못爲 즐면 식ᄂᆞ니 ᄀᆞ장 알ᄆᆞ초 반쥭ᄒᆞ야 구무떡 만드ᄅᆞ 무흔[1] ᄂᆡᆨ게 ᄉᆞᆯ마 ᄎᆡ와 조ᄒᆞᆫ 국말 셔 되나 넉 되나 ᄂᆡ야 ᄂᆞᆨ도록 ᄆᆞ이 쳐 계란 ᄆᆞᆫ콤 쓰더 너코 그 우흘 ᄎᆞᆫᄎᆞᆫ 눌너 둣ᄃᆞ가 ᄉᆞᆷ 일만의 ᄂᆡ면 ᄀᆞ장 ᄃᆞᆯ거니와 날이 ᄎᆡ워야 ᄃᆞᄂᆞ니 ᄉᆞ오월은 ᄂᆞ흘이요 ᄂᆞᆨ칠월은 삼일만의 ᄃᆞᄂᆞ니라. 여날이면 마시 ᄆᆡᆸᄂᆞ니 쳐 ᄃᆞᆫ 후 쓰ᄃᆞ가 항재 너허 살마ᄂᆡ여야 쓰디아니 ᄒᆞᄂᆞ니 날이 더운 ᄯᅢ의 마셔도 ᄎᆞᆫ물의 ᄎᆡ와 두면 쓰디 아니 ᄒᆞᄂᆞ니라.

멥쌀 1말을 깨끗이 씻어 가루를 내어 고운 체에 내려 끓는 물로 반죽한다. 너무 되면 치대지 못하고, 반죽이 질면 쉬니 알맞게 반죽한다. 구멍떡을 만들어 푹 익게 삶아 차게 식으면 좋은 누룩가루 3되나 4되를 (체에) 내려 많이 치대서 달걀만 한 크기로 뜯어 (술독에) 넣는다. 그 위를 찬찬히 눌러두었다가 3일 만에 꺼내어 맛보면 가장 달게 되는데, 날씨가 추워야 맛이 달다. 4~5월은 4일, 6~7월은 3일 만에 단맛이 난다. 여러 날이면 맛이 매우니 쳐서 (익히되) 단맛이 난 후에 떠서 먹다가 항아리째 (중탕하여) 삶아내야 술맛이 쓰지 않다. 날이 더울 때에는 찬물에 담가두면 쓰지 않다.

1 무한: 매우, 푹

돈나화쥬

白米一斗百洗作末ᄒᆞ야 체로 또 뇌야 健乞
물의 ᄲᆞ 죽 쑤되 너모 되면 치지 못ᄒᆞ고 ᄀᆞ장
식거든 ᄀᆞ장 알ᄯᆞ 초ᄲᆞᆯ ᄒᆞ야 ᄀᆞᄅᆞ 섯거
드ᄅᆞᆫ 누룩 ᄒᆞᆫ 되 제 술의 섯거 쳐 ᄒᆞ다 조ᄒᆞᆫ 누룩 ᄇᆞᆺ쳐
되야 녀허 뇌야 녹도록 ᄆᆞᆺ이 쳐 제ᄒᆞᆫ 번
큰 ᄃᆞ더 너코 고우흘 ᄎᆞᆫ ᄂᆞᆯ 더 돗ᄌᆞ가 술
일 ᄆᆞᆫ의 너면 ᄀᆞ장 됴ᄒᆞᆫ 거시와 ᄇᆞᆯ이 ᄎᆞ ᄯᅱ 새
ᄃᆞᄂᆞ니 大오 월은 ᄉᆞ흘이오 늣 ᄎᆞᆫ 월은
삼 일 ᄆᆞᆫ의 ᄃᆞ나와 여ᄅᆞᆷ이면 ᄒᆞ시 일ᄂᆞ
너허 둔 후 쓰ᄂᆞᆫ가 ᄒᆞᆯ 재 너허 ᄡᆞᆯᄆᆞ 너허
애 ᄡᆞᆯ의 ᄒᆞ니 술ᄂᆞ니 ᄇᆞᆯ이 더운 물의 ᄲᅥ
됴ᄒᆞᆫ 물의 쳐 와 두면 쓰리 ᄒᆞ니 ᄂᆞ니라

과하쥬 · 과하주

졈미 一斗 닉게 쪄 더온 김의 국말 一升 버무려 항의 너허 두엇다가 닉거든 소쥬 열 복ᄌᆞ나 스므 복ᄌᆞ나 더ᄒᆞᄂᆞ 부어 김 ᄋᆞ니 나게 ᄊᆞᄆᆡ여 덥허 둣ᄃᆞ가 ᄆᆡ이 ᄡᅵ리면 말가ᄒᆞ고 빗치 노ᄅᆞᄒᆞ고 ᄆᆡᆸ고 ᄃᆞ니라 소쥬가 ᄆᆡ울ᄉᆞ록 조흐니라 ᄌᆞ소쥬[1]도 회롭지 아니 ᄒᆞ니라.

찹쌀 1말을 익게 쪄 더운 김에 누룩가루 1되를 넣어 버무려 항아리에 넣어두었다가, 익으면 소주 10복자나 20복자를 부어 김이 나가지 않게 (보자기로) 싸매고 (이불로) 덮어둔다. (소주를) 많이 뿌리면 맑고 (술)빛이 노랗고 (맛이) 맵고 달다. 소주가 독할수록 좋다. 자소주도 해롭지 않다.

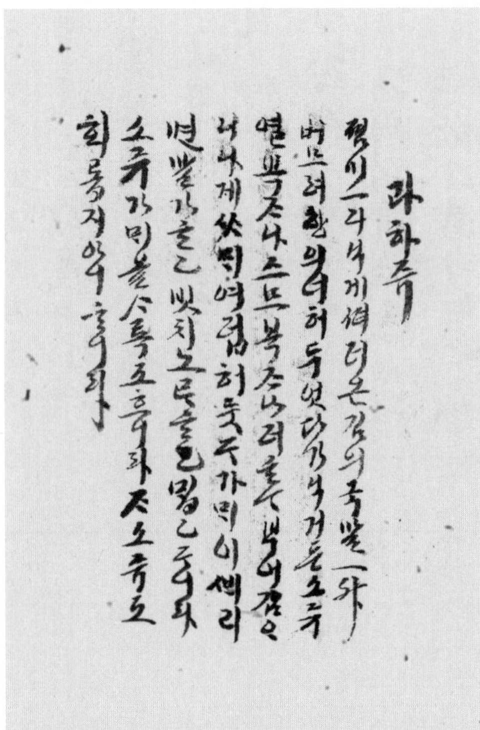

1 자소주(紫蘇酒): 차조기, 계피, 회향(茴香) 따위를 우린 액을 소주에 타 만든 술. 향기롭고 맛이 있다.

졈미 一斗 백셰ᄒᆞ야 돔갓ᄃᆞ가 붓거든 닉게 쪄 ᄉᆞ뭇 츤 후 국말 七合 고로 섯거 쓸흔 믈 흔 병을 덩이를 프러 너허ᄃᆞ가 괸 후 소쥬 되게 고아 흔 말 열 복ᄌᆞ식 부으라.

찹쌀 1말을 깨끗이 씻어 물에 담가 불렸다가 (쌀이) 불면(다시 살짝 씻어 건져 물기를 뺀 후 시루에 안쳐 고두밥을) 익게 찌고, 차게 식은 후에 누룩가루 7홉을 고루 섞어, 끓여 식힌 물 1병을 부어 고두밥 덩이를 낱낱이 풀어 (항아리에) 담는다. (발효시켜서) 술이 괸(끓어 오른) 후에 소주를 되게(독하게) 내려서 (쌀) 1말에 (소주) 10복자씩 붓는다.

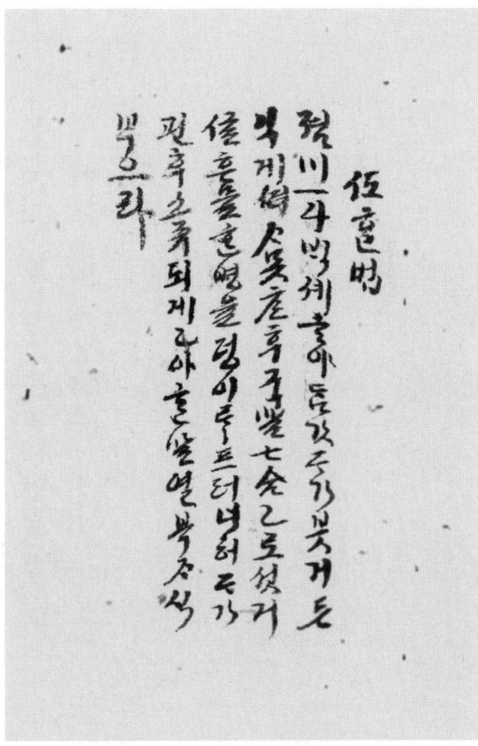
또 흔 법
졈미 一斗 백셰ᄒᆞ야 돔갓ᄃᆞ가 붓거든
닉게 쪄 ᄉᆞ뭇 츤 후 국말 七合 고로 섯거
쓸흔 믈 흔 병을 덩이를 프러 너허ᄃᆞ가
괸 후 소쥬 되게 고아 흔 말 열 복ᄌᆞ식
부으라

白米 一斗 百洗作末ᄒᆞ야 믈 두 말의 쥭 ᄀᆡ야 ᄎᆞ거든 국말 되 가옷 셧거 너헛ᄃᆞ가 三日만의 白米 二斗 百洗ᄒᆞ야 담가 ᄒᆞ로 밤 ᄌᆡ와 닉게 ᄶᅵ고 진말 셔 홉을 몬뎌 독의 너허 뎟고 ᄯᅩ 밥을 너허 져어 항부리를 둔둔이 봉ᄒᆞ야 둣ᄃᆞ가 칠일 후 쓰ᄃᆡ 이칠이면 ᄆᆡᆸ고 조흐니라.

멥쌀 1말을 깨끗이 씻어 곱게 가루를 내어 (끓는) 물 2말을 넣고 죽을 개어 식거든 누룩가루 1되 반을 섞어 (술독에) 담아 안친다. 3일 만에 멥쌀 2말을 깨끗이 씻어 물에 담가 하룻밤 재웠다가 익게 찐다. 밀가루 3홉을 (밑술이 든) 독에 넣어 젓

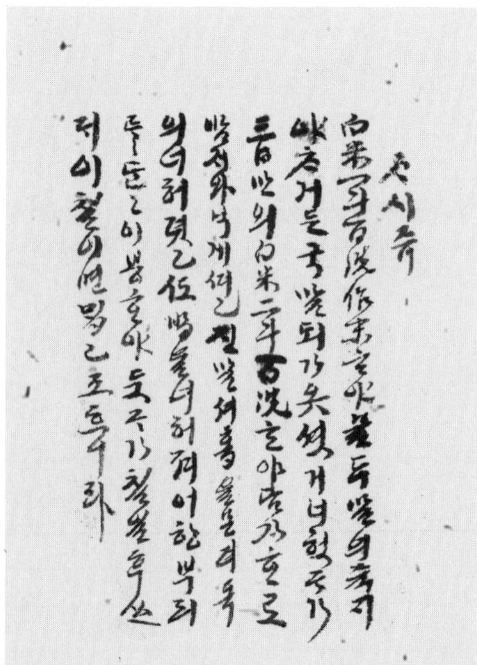
ᄉᆞ시쥬
白米 一斗 百洗作末ᄒᆞ야 믈 두 말의 쥭 ᄀᆡ야 ᄎᆞ거든 국말 되 가옷 셧거 너헛ᄃᆞ가 三日만의 白米 二斗 百洗ᄒᆞ야 담가 ᄒᆞ로 밤 ᄌᆡ와 닉게 ᄶᅵ고 진말 셔 홉을 몬뎌 독의 너허 뎟고 ᄯᅩ 밥을 너허 져어 항부리를 둔둔이 봉ᄒᆞ야 둣ᄃᆞ가 칠일 후 쓰ᄃᆡ 이칠이면 ᄆᆡᆸ고 조흐니라

고, 또 (찐) 밥을 넣고 저어 항 부리를 단단히 봉하여 둔다. 7일 후 쓰는데 14일이 지나면 (술맛이) 맵고 좋다.

삼ᄒᆡ쥬 · 삼해주

정월 첫 돗날 白米 一斗 百洗 作末ᄒᆞ야 국말 진말 각 일 승식 너허 믈병 슈 짐작ᄒᆞ야 너허 둣ᄃᆞ가 둘ᄌᆡ 돗날 白米 七斗 百洗 作末ᄒᆞ야 一斗의 물 세병식 부어 덩이를 쳐 프러 슐밋출 고로 고로 셧거 국말 五升 너허 둣ᄃᆞ가 셋ᄌᆡ 돈날 쏘 白米 七斗 百洗 젼증ᄒᆞ야 물 병슈 혜ᄋᆞ려 부어 골나 ᄎᆞ거든 밋출 고로 셧거 버므려 독의 녀허 三七日 지ᄂᆞ거든 드리오면[1] 밉고 됴흐니 四月의 이ᄅᆞ도록 변티 ᄋᆞ니 ᄒᆞ고 됴흐니라.

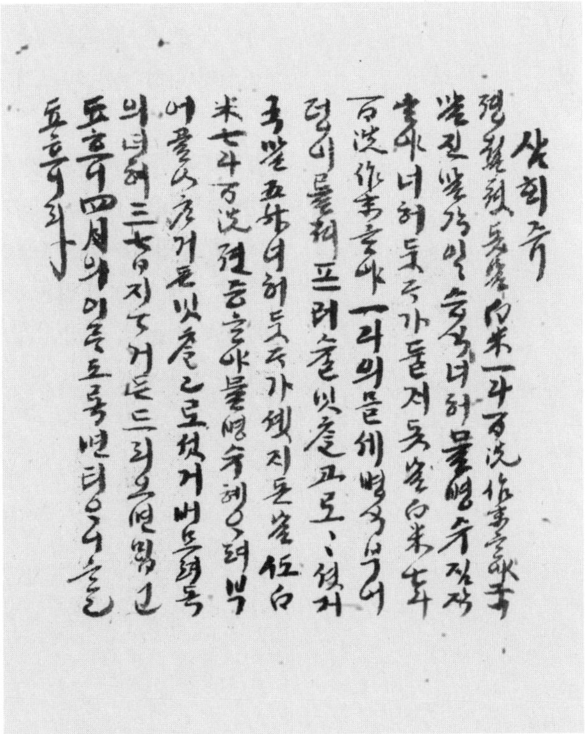

1 드리오다: 용수를 박아 술을 뜨는 표현

1월 첫 해일에 멥쌀 1말을 깨끗이 씻어 가루를 낸다. (끓는 물을) 병수 짐작하여 넣어 (고루 젓는다.) 누룩가루와 밀가루 각 1되씩 섞어둔다. 둘째 해일에 멥쌀 7말을 깨끗이 씻어 가루를 내어 쌀 1말에 (끓는) 물 3병씩 붓고 덩이가 없이 푼 뒤 (차게 식힌다.) 밑술을 고루 섞어 누룩가루 5되를 넣는다. 셋째 해일에 또 멥쌀 7말을 깨끗이 씻어 푹 찐 다음 물 병수를 헤아려 부어 고루 헤쳐서 차가워지면 밑술에 고루 섞어 버무려 독에 넣는다. 21일이 지나 술을 뜨면 맵고 좋다. 4월에 이르도록 변하지 않고 좋다.

하양쥬[1] · 하향주

뎜미 되가옷 빅셰 작말ᄒᆞ야 물 셔되 ᄲᅳᆯ혀 닉게 ᄌᆡ야 ᄀᆞ장 ᄎᆞ거든 국말 되가옷 섯거 둣ᄃᆞᆨ ᄉᆞ흘 만의 졈미 셔 말 빅셰ᄒᆞ야 ᄒᆞᆫ 말의 (물) ᄒᆞᆫ ᄉᆞ발식 ᄲᅳ려 ᄀᆞ장 닉게 ᄧᅧ 물긔 업ᄉᆞᆫ 항의 너허 ᄀᆞ장 ᄎᆞ거든 그 밋출 고로고로 셧그되 낫치 죄 플니게 ᄒᆞ야 텨 너허 열흘 후 쓰라.

찹쌀 1되 반을 깨끗이 씻어 가루를 낸다. 물 3되를 끓여 (쌀가루에 넣어) 개어 차게 식거든 누룩가루 1되 반을 섞는다. 3일 만에 찹쌀 3말을 깨끗이 씻어 쌀 1말에 물 1사발씩을 뿌려 잘 익게 쪄 물기 없는 항아리에 넣어 차게 식거든 그 밑술에 고루 섞는데, (밥알이) 낱낱이 다 풀리게 하여 (항아리에) 넣어 10일 후에 쓴다.

1 하향주의 오기

하향쥬

뎜미 되가옷 ᄇᆡᆨ셰 작말ᄒᆞ야 믈 서 되 ᄭᅳᆯ
혀 닉게 개리ᄋᆞ ᄀᆞ장 ᄎᆞ거든 국말 되 가옷 섯
거 두ᄃᆞ가 ᄉᆞᄋᆞᆯ 만의 뎜미 서 말 ᄇᆡᆨ셰
ᄒᆞ야 ᄒᆞᆫ 말의 ᄒᆞᆫ 말식 ᄡᅵ되 ᄀᆞ장 닉게
ᄡᅧ 믈 거엿ᄉᆞ 항의 너허 ᄀᆞ장 ᄎᆞ거든 그
밋ᄎᆞᆯ 고로〻 섯고ᄃᆡ ᄀᆞᆺ치 되 플니게 ᄒᆞᆯ
ᄒᆞ야 더 너허 열흘 후 쓰라

별향쥬 · 별향주

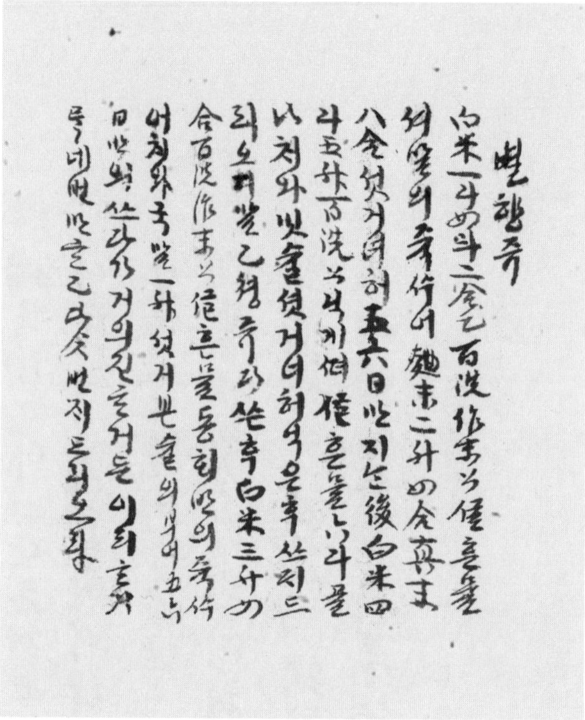

白米 一斗 四斗 二合乙[1] 百洗 作末丷[2] 끌흔 물 셔말의 쥭 쑤어 麯末 二升 四合 眞末 八合 섯거 녀허 五六日만 지ᄂᆞᆫ 後 白米 四斗 五升 百洗丷宀 닉게 쪄 끌흔 물 六斗 골나 ᄎᆞ와 밋술 셧거 너허 닉은 후 쓰ᄃᆡ 드리오ᄃᆡ 말고 쳥쥬 다 쓴 후 白米 三升 四合 百洗 作末丷宀 끌흔 물 동히 반의 쥭 쑤어 치와 국말 一升 섯거 본술의 부어 五六日 만의 쓰다가 거의 진ᄒᆞ거든 이리 ᄒᆞ기를 네 번만 ᄒᆞ고 다ᄉᆞᆺ번지 드리오라.

멥쌀 1말(이나) 4말 2홉을 깨끗이 씻어 가루를 내어 끓는 물 3말에 죽을 쑤고, 누룩가루 2되 4홉과 밀가루 8홉을 섞어 넣는다. 5~6일 지난 후에 멥쌀 4말 5되를 깨끗이 씻어 익게

1 乙: 우리말의 '–을'
2 丷宀: '爲也'의 구결 표기로 '하야'를 뜻함

쪄서, 끓는 물 6말을 (고두밥에 넣어) 고루 헤쳐서 차갑게 식거든 밑술에 섞어 넣어 익은 후 쓴다. 술을 드리우지 말고 청주를 다 쓴 후 멥쌀 3되 4홉을 깨끗이 씻어 가루를 내어 끓는 물 1동이 반에 죽을 쑤어 식힌 후 누룩가루 1되를 섞어 본술에 붓는다. 5~6일 지나 쓰다가 거의 다 쓰거든 이렇게 하기를 네 번 하고, 다섯 번째는 (용수를 박아) 술을 뜬다.

감쥬 · 감주

白米 一升의 粘米 五合乙 셧거 밥 지어 더온 김의 됴흔 누록 두어즘만 셧거 밥 져을 그ᄅᆞᆺ 브싀워 더온 물 ᄒᆞᆫ 종ᄌᆞ나 그ᄅᆞᆺ 씨셔 항의 너코 우희 누록 ᄡᅧ혀 더온 ᄃᆡ 만이 덥허두면 너흔 ᄯᅴ 못 밋쳐 닉ᄂᆞ니 먹어 보아 닉엇거든 누긋시[1] 걸너 눌술긔 업시 달여 두고 ᄡᅳᄃᆡ 노병인과 젹업ᄒᆞᆫ[2] 아ᄒᆡ[3]게 조ᄒᆞ니라.

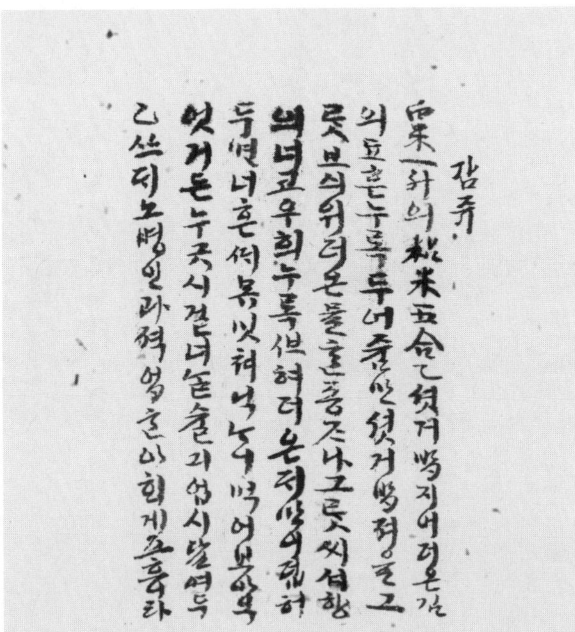

1 누긋하다: 메마르지 않고 좀 눅눅하다.
2 적업한: 체질에 맞는
3 아해: 아이

하쥬

白米五升百洗ᄒᆞ 므ᄅᆞ게 쪄 식은 긴 ᄎᆡ로
믈을 무ᄒᆞ이 무어 ᄒᆞ야 ᄒᆞ거든 ᄀᆞᄅᆞ와
ᄡᆞᆯ末 치 ᄂᆞ거든 누룩 오 홉 섯거 믈 ᄲᆞ고 ᄯᆞ
든 그 드시 녀허 두ᄂᆞᆫ 디 도ᄃᆞ가 七日後을
노하 마다 ᄡᅳ라

황쥬

白米一斗百洗ᄒᆞ 다가 ᄒᆞ로 ᄲᅵᆫ져 ᄡᅧ ᄆᆞ든
누룩 七合에 ᄒᆡ야 무 거든 ᄡᆞᆯ을 ᄂᆞᆫ 믈 리올
즘ᄒᆞᆫ 긔 비도 미 ᄉᆞᆷ 면 ᄎᆞ더 ᄒᆞᄂᆞ니라

멥쌀 1되에 찹쌀 5홉을 섞어 밥을 지어 따뜻할 때 좋은 누룩 두 주먹을 섞고, 밥 저은 그릇을 더운 물 1종지로 부셔 (그 물을) 항아리에 넣는다. 위에 누룩을 뿌려 더운 곳에 오래 덮어 두면 넣은 때 못 미쳐 익으니 먹어보아 익었거든 누긋하게 걸러 날술기 없이 달여 쓴다. 아픈 노인과 아이에게 좋다.

하쥬 · 하주

白米 五升 百洗丷一 므ᄅᆞ게 쪄 실ᄂᆡ 담긴 ᄎᆡ ᄎᆞᆫ물을 무ᄒᆞᆫ이 부어 흐웍ᄒᆞ거든[1] 조셕의 쓰라 ᄎᆡ ᄎᆞ거든 누록 오 홉 섯거 물 말고 마즌 그ᄅᆞᄉᆡ 녀허 ᄃᆞ순ᄃᆡ 둣ᄃᆞ가 七日 後 물 노하 바타 쓰라.

멥쌀 5되를 깨끗이 씻어 무르게 쪄 시루에 담긴 채 찬물을 무한히 부어 윤택해지면 자리에 쏟아 차게 식힌다. 누룩 5홉을 섞어 물 없이 알맞은 그릇에 넣어 따뜻한 곳에 두었다가 7일 후 물을 쳐가면서 밭쳐 쓴다.

합쥬 · 합주

白米 一斗 百洗丷一 ᄃᆞᆷ가 ᄒᆞ로밤 ᄌᆡ와 ᄧᅧ ᄀᆞᄅᆞ 누록 七合 녀허 닉거든 쓰라 놀물긔 일금ᄒᆞ고 졈미로 비즈면 더 조흐니라.

멥쌀 1말을 깨끗이 씻어 (물에) 담가 하룻밤을 재웠다가 쪄서 가루누룩 7홉을 넣어 익으면 쓴다. 날물기를 일절 금하고 찹쌀로 빚으면 더 좋다.

1 흐웍하다: 윤택하게

보리청쥬 · 보리청주

됴흔 ᄊᆞᆯ보리 ᄒᆞᆫ 말 밥 지어 막 닉을 만ᄒᆞ거든 퍼 ᄎᆞᆫ물의 ᄃᆞᆷ가 물 ᄀᆞᄅᆞ 우려 三日만의 건져 볏틔 말뇌여 ᄃᆞ시 ᄡᅳᆯ허 술 비즐 졔 물의 잠간 씨셔셔 다시 ᄶᅧ ᄒᆞᆫ 말의 진말 두 셔 홉식 녀허 녜ᄉᆞ 술 빗ᄃᆞ시 비즈면 보리 ᄂᆡ도 업고 드리오면 쳥쥬 마시니 ᄉᆞᄉᆞ[1]술 마시니라 ᄯᅩ 씨셔 밥 지어 니화쥬 누록 셧거 둔술 비즈면 빗도 희고 ᄃᆞ니라.

좋은 쌀보리 1말로 밥을 지어 막 익으려 하거든 퍼서 찬물에 담가 물을 갈아주면서 우려 3일 뒤에 건져 볕에 말린다. 다시 쓿어(대껴) 술을 빚을 때 물에 잠깐 씻어 다시 쪄 1말에 (누룩과) 밀가루를 2~3홉씩 넣어 보통 술을 빚듯이 한다. 보리 냄새도 없고 술을 뜨면 청주 맛이 나니 보통 술맛이다.

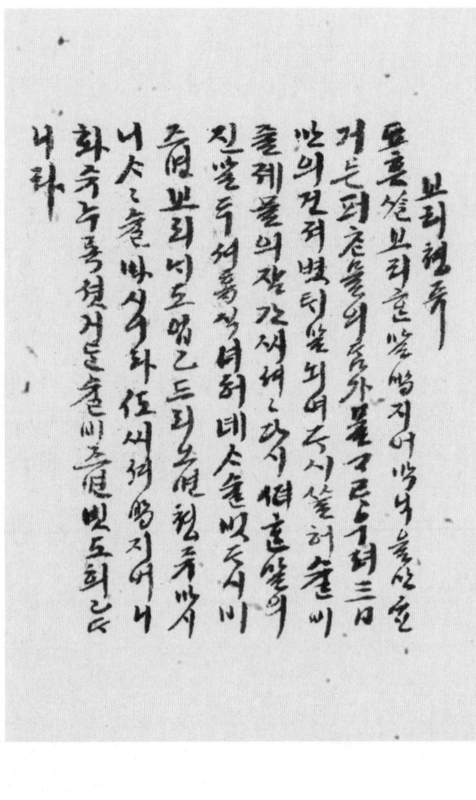

1 사사: 보통
2 枳子(지자): 탱자
3 綿絲(면사): 무명실

또 (보리쌀)을 씻어 밥을 지어 이화주 누룩을 섞어 단술을 빚으면 빛도 희고 단맛이 난다.

菉豆作麯法 · 녹두작국법

녹두누룩 만드는 법

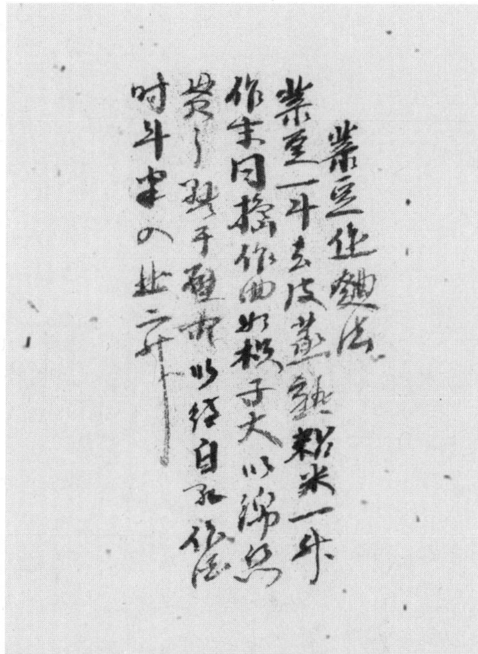

菉豆 一斗 去皮 蒸熟 粘米 一升 作末 同搗 作曲 如枳子[1]大 以綿絲[2]貫之縣于壁中 以待自乾 作酒時 斗米 入曲 二升

녹두 1말을 거피하여 푹 쪄서 찹쌀 1되를 가루 내어 함께 찧어서 누룩을 만든다. 탱자 크기로 만들어 무명실에 꿰어 벽에 걸어두고 마를 때까지 기다린다. 술을 빚을 때는 쌀 1말에 (녹두)누룩 2되를 넣는다.

* 이 책 맨 앞부분에 기록되어 있으나, '녹두누룩으로 술 빚는 법'과 내용상 연결되는 점으로 이 페이지에 실었다.

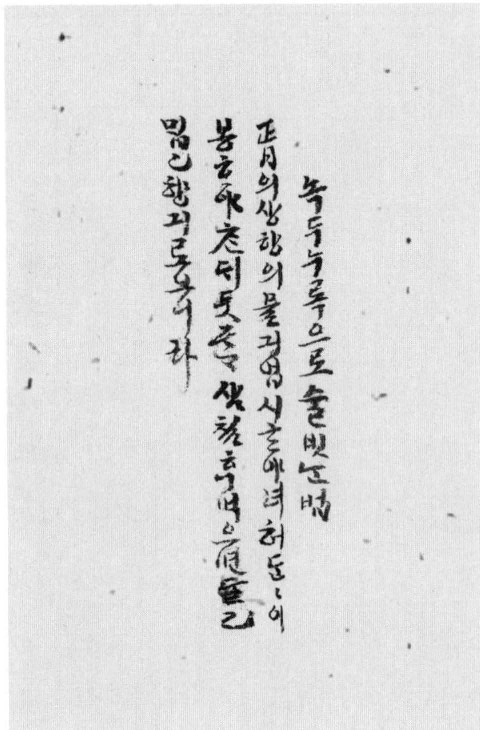

正月의 상항의 물긔 업시ᄒᆞ야 녀허 돈돈이 봉ᄒᆞ야 ᄎᆞᆫ 듸 둣ᄃᆞᄀᆞ 삼칠 후 먹으면 ᄃᆞᆯ고 밉고 향긔로오니라.

1월에 좋은 항아리에 물기 없이 하여 넣어 (녹두누룩으로 빚은 술을 담아 안치고) 단단히 봉하여 찬 곳에 두었다가 21일 후에 마시면 달고 맵고 향기롭다.

디쥬·지주

白米 一斗 百洗ᄒᆞ야 ᄃᆞᆷ가 ᄒᆞ로밤 지와 닉게 헤쳐 식이고 물 세 병을 ᄭᅳᆯ혀 식여 국말 진말 각 셔 홉식 그 물에 타 밥을 덩이 업시 세 버므려 항의 너코 됴흔 날 ᄯᅡ희 무드라 항부리를 쇠두에로 덥고 항 들기 족ᄒᆞ게 파고 그 밋회 솔닙흘 노코 무더다가 닉은 후 ᄂᆡ면 밉고 ᄌᆞᆫᄒᆞ고 조흐니라.

멥쌀 1말을 깨끗이 씻어 물에 담가 하룻밤 재웠다가 익게 (쪄) 헤쳐서 식힌다. 물 3병을 끓여 식혀 누룩가루, 밀가루 각 3홉씩을 그 물에 타 밥을 덩어리 없이 세세히 버무려 항아리에 넣고 좋은 날에 땅에 묻는다. 항 부리를 쇠뚜껑으로 덮고 항아리가 들고 나기 좋게 (땅을) 파고, 그 밑에 솔잎을 놓고 묻었다가 익은 후 내면 맵고 뛰어나게 좋다.

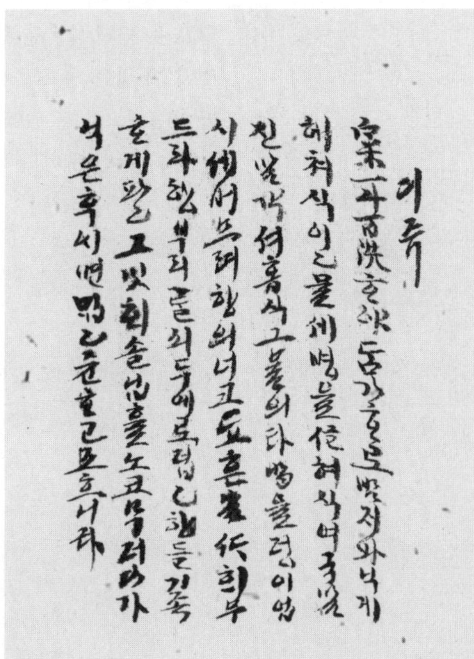

호산춘 · 호산춘

열 말 이즈련ᄒᆞ면 아는 ᄯᅢ나 초 일일 ᄇᆡᆨ미 오 승 백셰 작말ᄒᆞ여 닝슈 七升의 작쥭ᄒᆞ여 극히 ᄎᆡ와 국말 진말 각 三升 섯거 독의 녀허 첫 술밋 ᄒᆞᆫᄃᆡ 부어 둣ᄃᆞ가 十三日 만의 ᄯᅩ 白米三斗 五升 百洗 作末ᄒᆞ야 물 닷 되의 작쥭ᄒᆞ여 젼술 밋히 셧그ᄃᆡ 누록 녀치 말고 두 번ᄌᆡ 밋츨 ᄒᆞ고 ᄯᅩ 十三日만의 白米 五斗 百洗ᄒᆞ야 ᄡᅧ 탕슈 오 두의 골나 ᄎᆡ와 젼술의 버므려 항에 녀허 삼삭[1]만의 쓰되 그 독을 벗겨 ᄎᆞ도 덥(고/도) 아닌 ᄃᆡ 두면 ᄆᆞ시 변치 아니 ᄒᆞᄂᆞ니라.

(술을) 10말 빚으려 하면, 아무 때나 초하루에 멥쌀 5되를 깨끗이 씻어 가루를 내어 냉수 7되에 죽을 쑤어 차게 식힌다. 누룩가루와 밀가루 각 3되를 섞어 독에 넣어 첫 술밑으로 한데 부어둔다. 13일 만에 또 멥쌀 3말 5되를 깨끗이 씻어 가루를 내어 물 5되로 죽을 쑤어 전술 밑에 섞되 누룩을 넣지 말고 두 번째 밑술을 한다. 또 13일 만에 멥쌀 5말을 깨끗이 씻어 쪄 끓는 물 5말에 골고루 섞어 식혀 전술에 버무려 항에 넣는다. 석 달 만에 쓰되 그 독을 벗겨 차지도 덥지도 않은 곳에 두면 맛이 변하지 않는다.

1 삼삭(三朔): 석달

호산츈

열ᄡᆞᆯ이스련ᄒᆞ면어ᄂᆞᆫ쇄나초일ᄃᆞ박미
오ᄉᆞᆷᄯᅢ쳬자ᄡᆞᆯᄒᆞ여빙쥭七升의작죽
ᄒᆞ여쥭혀치와쥭ᄡᅢ진ᄡᆞᆯ각三升엇거
독의녀허첫술ᄞᅮᆫᄒᆞᆫ뒤ᄇᆞᆨ어둣ᄃᆞ가十
三日만의任白米三斗五升百沸作末ᄒᆞ
야물ᄃᆞᆺ되의작죽ᄒᆞ여젼술ᄞᅮᆺ회셧
그디누룩녀치ᄆᆞᆯ乙두번져ᄞᅮᆺ출ᄒᆞᆫ乙
任十三日만의白米四斗百沸ᄒᆞ야倂탕술ᄒᆞ
두의ᄞᅮᆯ나치와젼술의버므려항에녀허
삼삭만의ᄡᅳ되그독을ᄞᅥᆺ져ᄎᆞ도덥ᄂᆞ야
넌디두면무시ᄯᆞᆫ치아녀ᄒᆞᄂᆞ라

조하쥬

고ᄋᆞᆫ 粘미 一斗 ᄇᆡᆨ셰ᄒᆞ야 淡슈ᄅᆞᆯ 여ᄉᆞᆺ ᄇᆞ ᄌᆞ(ᄃᆞᄆᆞ고)
사여 ᄀᆞᆨ ᄲᆞᆼ 七合 모시 쥬머니의 녀허 ᄌᆞᆷ가ᄃᆞ
ᄉᆞᆫ 밥의 豆 ᄒᆞ야 ᄃᆞ가 이튼날 ᄎᆞᆫ 디예 ᄡᅥ히고
믈의 ᄂᆞᆨ ᄒᆞᆫ 여서 디니 ᄡᆞᆼ여 ᄃᆞᆫ 술믈과 섞시
ᄉᆞᆨ여 그믈의 ᄀᆞ제야 ᄒᆞᆫ 숫밥 젓기만 ᄒᆞ거든
소쥬 ᄒᆞᆫ 박 ᄎᆞᆫ만 부어 유지로 ᄡᅡ 도ᄃᆞ 가져
울은 온거 잇ᄂᆞᆫ 되 두ᄂᆞᆫ 녀ᄅᆞᆷ이면 ᄎᆞᆫ 디 두어
이칠 후 쓰ᄂᆞ니라

ᄌᆞ하쥬 · 자하주

고론 졈미 一斗 백셰ᐟᄀ ᄃᆞ므고 탕슈를 여ᄉᆞᆺ 복ᄌᆞ 식여 국말 七合 모시쥬머니의 녀허 ᄃᆞᆷ가 ᄃᆞ순 방의 노하다가 이튼ᄂᆞᆯ 젼ᄃᆡ예 ᄂᆡ여 그 물의 무ᄒᆞᆫ 업시 텨 ᄂᆡ고 밥 ᄶᅧ ᄂᆞᆯ물긔 업시 식여 그 물의 그졔야 ᄒᆞᆫ 솟밥 짓기만 ᄒᆞ거든 소쥬 ᄒᆞᆫ 복ᄌᆞ만 부어 유지로 ᄊᆞ 둣ᄃᆞ가 겨울은 온긔 잇ᄂᆞᆫ ᄃᆡ 두고 녀름이면 ᄎᆞᆫ ᄃᆡ 두어 이칠(일) 후 쓰ᄂᆞ니라.

찹쌀 1말을 깨끗이 씻어 (물에) 담근다. 끓는 물 6복자를 식혀 누룩가루 7홉을 모시 주머니에 넣어 담가 따뜻한 방에 놓는다. 이튿날 자루주머니를 꺼내어 그 물에 한없이 (주물러) 쳐낸다. (불린 찹쌀로) 밥을 쪄 날물기 없이 식혀 그 물(누룩물)에 넣어 한솥밥 지은 것 같거든 소주 1복자를 부어 유지로 싸둔다. 겨울에는 온기 없는 곳에 두고, 여름이면 찬 곳에 두어 14일 후에 쓴다.

1 전대: 자루주머니

***

간서(澗西) 의 시(詩) 「국수를 먹다」

제목이 '국수를 먹다(喫麵)'로, 이 책의 저자인 간서(澗西) 이정룡(李庭龍)이 부인이 만들어준 국수를 먹고 화답한 시다. 국수 한 그릇을 먹고 이렇게 한 소절 시로 화답하는 사대부가 몇이나 될까? 평소 가정에 대한 세심하고 소탈한 면면을 엿보기에 부족함이 없으며, 특히 부인에 대한 배려와 감사의 정의(情意)가 잘 드러난다.

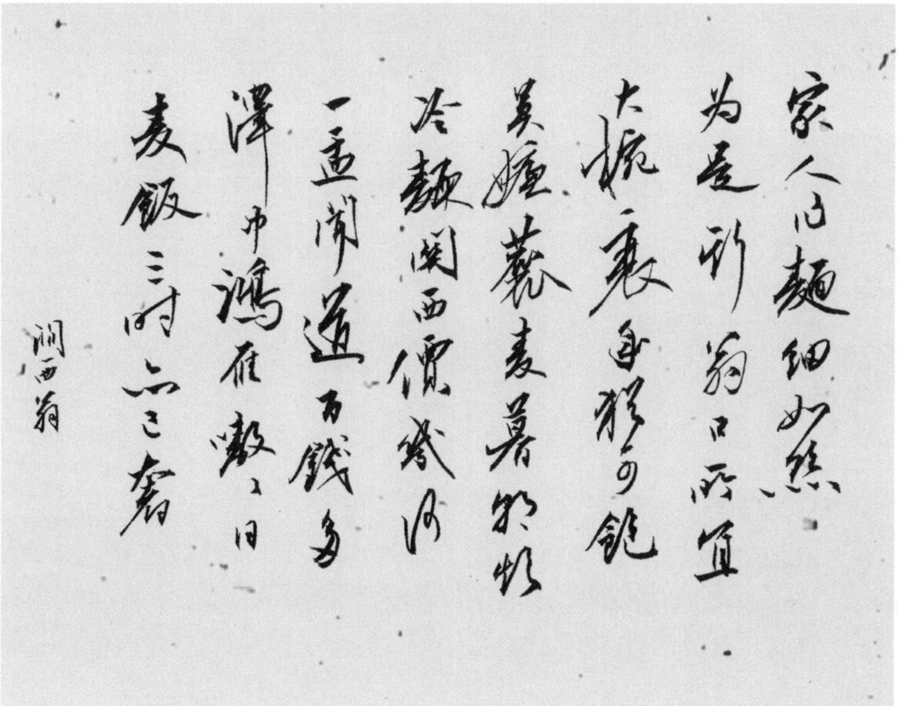

家人作麵細如絲	아내가 국수를 내는데 실 같이 가늘어
爲是斯翁口所宜	이 늙은이 입맛을 맞추어 주나니
大椀衰年猶可飽	큰 그릇에 노구의 배가 더욱 부르지만
莫嫌麤麥暮朝炊	아침저녁 거친 보리밥이 싫어서가 아니네
冷麵關西價幾何	관서에는 냉면 값이 얼마던가
一盂聞道百錢多	내 듣기에는 한 그릇에 백전도 더 한다지
澤中鴻雁嗷嗷日	연못에 기러기 소란스러운 날엔
麥飯三時亦已奢	삼시세끼 보리밥도 사치인 것을

이셔 먹이구 어너 흐로 [illegible]
긔별[illegible]

윤셔방 [illegible] 書

빗도 곰ᄀᆞ 됴ᄒᆞ여라 ᄲᆞᄅᆞᆯ 즉의나오쟈

의ᄒᆞ라 ᄒᆞ올이 미와 ᄯᅡ로게 나ᄂᆞ니쟈

ᄒᆞᆸ

싱도 ᄆᆞᄌᆞ리 ᄒᆞᆫ 벗 셔셔 세어 셔 놀의

내고 ᄎᆞᆫ 즐ᄃᆡ 앗기여 두어여 뎌 ᄒᆞ온 되면

곰팡이 ᄉᆞᆯ거시어 ᄒᆞ올 ᄒᆞᆫ 보구 보더 지ᄒᆞ

ᄒᆞᆫ ᄉᆞᆫᄋᆞᆯ 졔 ᄒᆞᆫ ᄒᆞᆯ 갈 빗치니 ᄀᆞ려 任 七首 만

의 조ᄒᆞ ᄒᆞᄂᆞᆫ ᄒᆞᆫᄉᆡ 어두은 무근 누룩 쉬ᄭᅴ

올소즙의 ᄒᆞᆫ듸 무쳐 노흐면 졀노 ᄒᆞ올나
지게 누으시 ᄒᆞ야 숏두에예 너뎌 ᄒᆞ로되
듯ᄒᆞᆫ矣 ᄲᅡ지이 ᄡᅡᄒᆞ게 ᄯᅥ이 쳐 笑호
타 조로 뒤이져 잘ᄭᆞᆯ 와야 나 놀ᄂᆞᆫ다 아
후진 골니 무려 졀 고누 곳ᄂᆞ ᄒᆞ야 회동거
듣 菓油의 도가 련ᄒᆞ로도 소기름의 도ᄭᅡ 누
여 등노 고두에예 ᄯᅥ ᄯᅢ 이나 붓거든 붓
울소ᄒᆞ 쳐 ᄉᆞᆯ혀 고로ᄒᆞ 쳐오면 ᄭᅮᆯ ᄂᆞᆫ 여

北軒

믈인 벗은 의조흔 危篷을 정히 고텨여
모니씨 物外로 ᄅᆞᆯ 둘 ᄋᆞ 同 샹술이 ᄅᆞ나
빅주나 ᄒᆞᆫ잔 곳 이 笑 도믄 의 다 仍 득
은 달은 ᄒᆞᆯ 발라 도ᄂᆞᆫ 이 삿민 ᄒᆞ흐
벗ᄒᆞᆯ가 밧目 타 옷시의도 흘 이 滿
이다뒤 엿ᄎᆞ가 ᄒᆞ여고 그도 히롤 지어
나ᄂᆞ라 바ᄅᆞᆷ드리 아히 끼 ᄆᆞ론 서어 빠 齊

고ᄅᆞᆫ 粳米 一斗 ᄇᆡᆨ셰ᄒᆞ 說 술ᄆᆞᄅᆞ 여ᄉᆞᆺ ᄇᆞᆨ자 ᄂᆞ르고
시여 죽ᄡᆞᆯ 七合 모시 쥬머니의 녀허 ᄃᆞᆼ가ᄃᆞ
ᄉᆞᆫ ᄡᅳᆯ의 보ᄒᆞᆫ ᄃᆞᆼ가시 드ᄂᆞᆫ 결치예 ᄡᅥᆫ녀 고
믈의 ᄡᅮᆨ ᄒᆞᆫ 번식 ᄃᆡ니ᄂᆞᆫ ᄡᅵ여 ᄂᆞᆯ믈과 ᄉᆡᆼ지
시여 그 믈의 그 ᄌᆡ야 ᄒᆞᆫ ᄉᆞᆺ ᄡᆞᆯ 짓기 ᄆᆞᆫ ᄒᆞᆫ거든
소쥬ᄒᆞᆫ ᄇᆞᆨ 조ᄆᆞᆫ 부어 유지로 ᄊᆞ도ᄃᆞ 가져
ᄉᆞᆯ은 온과 잇ᄂᆞᆫ 되 두으니 ᄃᆡ몯이 性 老ᄃᆡ ᄃᆞ어
이 乾 後 ᄡᅳᄂᆞ니라

三百ᄡᆞᆯ의 伍白米 三斗五升 百沒作末ᄒᆞᆫ
水 믈 밧되의 재ᄒᆞ여 젼술 밋 희엿
그ᄃᆡ 누룩 너치 ᄆᆞᆯ고 두ᄢᅦ져 밋 ᄎᆞᆯ ᄒᆞ고
伍十三斗 ᄡᆞᆯ의 白米 斗과 百沒ᄒᆞᆫ 冷水 倒ᄒᆞᆫ 술로
두의 ᄭᅮᆯ 나치와 졀술의 ᄇᆡ보려 ᄒᆞᆫ 예 너허
ᄉᆡᆼ삭 ᄡᆞᆯ의 쓰되 그 독술 씻저 ᄎᆞ도 ᄃᆞᆫ아
넌디 두면 무시면 치 아니 ᄒᆞᄂᆞ니라

太和湯

드라ᄒᆡᇫ부리 ᄃᆞᆯ의 두에도 러ᄂᆞᆫ 잠들 기쪽
ᄒᆞᆫ게 ᄶᅡᆫ 고빗치 ᄉᆞᆯ넌 ᄒᆞᆯ 노코 ᄆᆞ러어가
닉온 후시면 ᄆᆞᆷ은 ᄎᆞᆫᄒᆞᆫ 고로 ᄒᆞ니라

호산츈

멥ᄡᆞᆯ 이ᄉᆞ 뎐ᄒᆞᆫ면 어ᄂᆞ제나 효일ᄃᆞ 박끼
오ᄉᆞᆯ 여자 ᄡᆞᆯ을 빙슈 七위의 작죡
ᄒᆞ여 국혜치와 국ᄡᆞᆯ 진ᄡᆞᆯ 가 三작 헛게
독의 녀허 칫ᄉᆞᆯ 빗ᄒᆞᆫ뒤 부어두ᄯᅮ가 十

正月의상한의물갈엽시ᄉᆞᆯ에녀허둔ᄂᆞ이

봉ᄒᆞ야初뎨ᄃᆞᄌᆞᄌᆞ 생諸ᄒᆞᄀᆞ녀ᄂᆞ痛症은

밀ᄂᆞᆫ챵괴로ᄋᆞ니라

이즈유

宋一斗古洪ᄒᆞᆫᄊᆞ 돈ᄀᆞᄅᆞ로 ᄡᆞ지와낙게

혜취식이로물세병을侵혀셔굿ᄂᆞᆫ

친빛ᄀᆞᆨ付ᄒᆞᆷ시고불의타ᄲᅡᆼ을렴이엄

시ᄲᅢ며쓰려ᄒᆞᆫ의너고도흔紙희부

싼의 걸려 볏티 꽃되여 듯시 쌀허 술비
출레풀의 잘 가세〻 닷시 셕효 알의
진꿀두 서홉식 녀허 데소술 빗듯시 비
즘연 보리너도 앵드리오연 칠루 빠서
너소〻술 빠셔와 또 새워 뿜지여 내
화호누룩 빗거든 술비 츠연 빗도 희라도
나라

녹두누룩으로 술빗는법

노ᄌᆡ야 ᄇᆞ디 ᄊᆞᆯ니

ᄒᆞᆸ소

白米 平石 洗ᄉᆞ롬가 ᄒᆞᆯ로 ᄲᅮᆫ지와 ᄡᅥ ᄆᆞᄅᆞ
ᄂᆞ로ᄀᆞ 七ᄉᆞᆷ이러ᄒᆞ거든 산ᄂᆞᄂᆞᆫ 물리ᄋᆞᆯ
ᄒᆞ고 ᄌᆞᆫ비도이 ᄌᆞ면 ᄃᆡ호ᄒᆞᄀᆞ라

보리 種子

됴흔 쉰 보리 ᄒᆞᆫ 말 ᄡᅵ어 ᄡᅡᄂᆞᆫ을 ᄉᆞᆫ
거ᄂᆞᆫ 뫼 ᄒᆞᆫ믈의 ᄒᆞᆫ와 물 ᄆᆞᄅᆞ 구히 三日

두면 너흔 뎌 븟 빗혀 너노 ᄇᆞᆨ어 보ᄋᆞ
엇거든 누긋시 걷너 술과 섭시 ᄃᆞᆯ여 두
고 쓰되 오ᄇᆡᆼ일과 혁 엄ᄒᆞᆫ이 힘게 ᄒᆞᄅᆞ라

하쥬

白米五斗 百洗ᄒᆞ 므ᄅᆞ게 ᄶᅧ 살시ᄃᆞᆫ 긴ᄎᆡ로
믈을 ᄆᆞᆨ 흘이 ᄆᆞ너 ᄒᆞᆫ ᄒᆞᆫ 흘거든 ᄒᆞᆫ 홉와
ᄉᆞ來 치ᄎᆞ거든 누록 오홉 섯거 붓ᄂᆞᆫ 그ᄉᆞ
ᄃᆞᆫ고ᄅᆞ 지녀허 두ᄃᆞᆫ 되도 ᄌᆞ가 七日後 술을

어쳐와 국 ᄆᆞᆰ은 一斗 섯거 븐 술의 부어 ᄒᆞᄂᆞ니
口ᄡᆞᆯ와 쓰라가 거의 진ᄒᆞᆫ거든 이리ᄒᆞ라
들네면 ᄯᅡᆫᄒᆞᆯ리 오ᄉᆞᆺ 변치 드되오ᄅᆞᆺ

감향

白米 一斗의 粘米 五合乙 섯거 ᄲᆞ지어 러온 가ᄂᆞᆯ
의 요ᄒᆞᆫ 누록 두어 ᄒᆞᆫᄃᆞᆫ 섯거 ᄲᆞ혀 ᄒᆞ고
ᄅᆞᆺ 브ᄉᆡ 위러 온 물 ᄒᆞᆫ 즈ᄋᆞᆷ 즈나 그릇 씨셔 항
의 너코 우희 누록 ᄲᅥ 허러 온 지 ᄲᆞᆯ어 ᄒᆞ

벽향쥬

白米一斗七升二合乙 百洗作末ᄒᆞ야 水 ᄒᆞᆫ 盆

서ᄆᆞ릐 쥭 쑤어 麴末二升七合 眞末

八合 섯거 녀허 六日 만 지난 後 白米四

斗五升 百洗ᄒᆞ야 ᄶᅵ게 ᄶᅵ 後 ᄒᆞᆫ 盆 ᄂᆞ니라 물

나 치와 밋술 섯거 녀허 두온 후 쓰지 드

되오리 ᄲᅮᆯ乙 청쥬라 ᄒᆞᆫ 後 白米三升七

合 百洗作末ᄒᆞ야 ᄒᆞᆫ 盆 물 ᄃᆞᆫ 힘 ᄆᆞᆯ의 쥭 쑤

하향쥬

뎡미 되가옷 ᄇᆡᆨ셰 작말ᄒᆞ야 믈 셰 되로
쳐 쥭게 ᄶᅮ어 ᄀᆞ장 ᄎᆞ거든 국말 되가옷 섯
거 두ᄃᆞ가 ᄉᆞᄒᆞᆯ 만의 ᄇᆡᆨ미 ᄒᆞᆫ 말 ᄇᆡᆨ셰
ᄒᆞ야 ᄒᆞᆫ ᄇᆞᆷ의 ᄒᆞᆫ ᄇᆞᆷ ᄌᆞᄉᆡ 셔되 ᄀᆞ장 복게
셔 믈 긔워 ᄉᆞᆫ 항의 너허 ᄀᆞ장 ᄎᆞ거든 그
밋ᄎᆞᆫ 고ᄅᆞᄅᆞ 섯그되 낫치 되 풀니게를
ᄒᆞ여 너허 ᄇᆞᆯ ᄒᆞᆯ 흑 쓰라

石灰 作末ᄒᆞ야 一斗의 믈 세 번식 므어
걸러 믈희 프러 술빗츨 고로고로 섯거
흑말 五升 녀허 두ᄃᆞ가 섯지 도논 後 伍日
米七斗 石灰 걸른 ᄒᆞ야 믈 명숙혜 ᄋᆞᆺ터 ᄇᆞᆨ
어ᄅᆞᆯ ᄉ 추거든 빗촌으로 섯거 버므려 독
의 녀허 三七日 지ᄂᆞ거든 드리오면 맑고
됴흐니 四月의 이ᄅᆞ도록 변티 아니ᄒᆞᆯ
됴흐니라

만ᄒᆞ와 식게 식은 진말 셔홉을 물러 돗
의 더허 졋ᄂᆞᆫ ᄡᆞᆯ을 너허 ᄭᅢ이 한 부리
두ᄃᆞᆫ 이 ᄉᆞᆼ혼 水 도ᄭᅩ가 ᄎᆞᆯ홈ᄒᆞ 뜨
거 이 ᄎᆞᆯ이면 맛ᄉᆞᆫ 조흐니라

샹화쥬

졍월 쳣 도ᄌᆞᆯ의 白米 一斗 百洗 作末ᄒᆞ야 水 斗
ᄡᆞᆯ 진 ᄡᆞᆯ 가 이 ᄒᆞᄋᆞ 너허 물ᄭᅳᆯ 주어 작작
湯水 너허 도ᄭᅩ가 ᄃᆞᆯ져 도 ᄃᆞᆯ 白米 七斗

닉게 絹 衣 哭 底 후 주 ᄡᆞᆯ 七合으로 섯거
僅 후 늘 食 흔 을 걸러 니 루 프 터 내 허 두가
펀 후 ᄒᆞ루 되게 ᄒᆞ야 ᄒᆞᆫ ᄡᆞᆯ 열 복ᄉᆞ식
ᄡᆞ ᄋᆞ라

又 시쥬

白米 ᄒᆞᆫ 말 百洗 作末 ᄒᆞ야 麯末 두 되 섯거
冷 水 거든 국 ᄡᆞᆯ 되 가옷 섯게 너허 두가
三日 만의 白米 二斗 百洗ᄒᆞ야 蒸 ᄒᆞ고로

버므려 ᄒᆞᆫᄃᆡ 여허 두엇다가 나거든 조곰
연뇨 ᄀᆞᆺ조나 ᄌᆞ므 복ᄌᆞ나 려 홀ᄉᆞ ᄡᆞᆯ어 갑ᄋᆞ
라나게 ᄊᆞ디 여러번 허둧ᄌᆞ가 미이 ᄉᆡ리
연 ᄡᆞᆯ가ᄅᆞ 빗치 노ᄅᆞᆺ 올 ᄆᆞᆯᄀᆞᄅᆞ 조
조쳥 가미 올ᄉᆞ록 조ᄒᆞᄒᆞ라 조 조쳥 조
희 ᄆᆞᆯ지 아니ᄒᆞ니라

佐飯법

잠ᄉᆡ 다 ᄉᆡᆼ 싀ᄒᆞ야 ᄃᆞᆯ갸 ᄀᆞ랏 ᄀᆞ 볶거든

일반의 녀면 ᄀᆞ잔 물거와 불이 치와셔
주나 大소 원은 ᄉᆞ흘이요 壽福은
살 일반의 됴ᄂᆞ와 여ᄂᆞᆯ이면 마시리니
너희 돈 무순 ᄌᆞ가 ᄒᆞᆫ재 네 ᄒᆞ야 ᄡᅧ 너희
아 ᄉᆞᆯ희 아니 ᄒᆞᆯ수 ᄂᆞᆯ이 ᄃᆡ으ᄅᆞᆯ희 ᄀᆞ셔
됴흔 물외 쳐와 드면 사리 아니 ᄒᆞᆯ노라
라 하쥬
평이 스라 ᄂᆡ게셔 리은 갈의 ᄀᆞᆨ ᄇᆞᆯ 一 ᄎᆞᆨ

닉거든 쓰라

뎐나화쥬

白米一斗百洗作末兮爲湯豆堅以水僅乙

물의 ᄢᅳᆫ ᄌᆞᆫ 되 냥도 되면 치지 못ᄒᆞᆫ 술

식우 ᄀᆞ장 알ᄯᅩ ᄢᅳᆫ ᄌᆞ야 ᄌᆞ우 엉ᄋᆞᆫ

드ᄅᆞᆫ 누룩 흔 엿 계 ᄉᆞᆫ 이 쳐 시조 ᄒᆞᆫ 족 ᄆᆞᆯ 섞

되우 넉 되야 되야 누룩도 ᄆᆞ이 쳐 지 ᄒᆞᆫ 드

큰 ᄃᆞ리 넉고 고우를 ᄂᆞᆯ ᄒᆞᆫ 녀 두ᄌᆞ ᄀᆞ도

효도ᄅᆞᆸ히 두ᄂᆞᆫ 셜ᄋᆞ 시변 ᄃᆡ발 ᄒᆡ여나와
피기롤 기ᄃᆞ려 치 피지 아녀셔 ᄌᆞᆯ 뜻이라
두면 ᄒᆡ 白米 十斗ᄂᆞᆫ 百度 作末ᄒᆞ여 뒤면 ᄒᆡ
아무ᄃᆞ 餠 ᄆᆞᆫ드ᄂᆞᆫ 법 ᄀᆞᄅᆞᆯ ᄉᆞᆷ아 걸러
아 ᄌᆡᆷ가 ᄂᆞᆯ러든 보화 餠 ᄂᆞᆯ ᄆᆞᆫ드ᄂᆞᆫ 法으로
ᄅᆞ 녀 ᄒᆞᄂᆞᆫ 두ᄭᅴᄅᆞᆯ 덥ᄂᆞᆫ 죄ᄂᆞ니 아무 ᄀᆞᆯ
골고로 ᄒᆡᆼ우 ᄒᆞ여 벗스려 든ᄂᆞ니 술 너ᄂᆞ 허ᄂᆞᆫ
부러ᄅᆞᆯ 든ᄂᆞ니 ᄊᆞᆯ을 모 조티 고하 두ᄂᆞᆫ가

이월초츈의 박씨 ᄇᆞᆫ셰로 아ᄂᆞ나 ᄯᅡᆺ셔
와ᄆᆞᄅᆞ니 아ᄃᆞ번쳐 물의 화홈을 ᄒᆞ야 ᄌᆡ
여러ᄒᆡ 물 지으며 계단 아래 ᄎᆡᆨ을 ᄒᆞ야 공덕의
너 허리ᄂᆞᆫ 반의 ᄃᆞᆯ노 고우의 ᄃᆞᆼ 쉬글
덤허 ᄎᆞᆷ안 ᄯᅡᆫ의 뒤퀴어 샹ᄎᆞᆷ을 ᄉᆞᆼ의 서
여겻쳐러러 본 ᄉᆡᆷ질을 벗셔 흔더이
ᄅᆞᆺ ᄉᆡᆼ여 조각의 ᄭᅴ치 셜예 ᄌᆞᆫ그 ᄒᆞᆺ보

두어 셔ᄃᆡ 이나 ᄒᆞ디 몯ᄂᆞ아 보지 샹ᄒᆞᆯ
거든 젼의 ᄉᆞᆯ련 ᄆᆞᆯ로 조곰 ᄡᅧ 신퇴ᄀᆞ다
시쳐 온 ᄯᅢ와 ᄡᅡ지 ᄒᆞ여 ᄆᆞ잘 ᄎᆞ거든 동의
ᄒᆞ여 ᄆᆞ으로 바리 가 본ᄃᆡ 두 빙뉴 ᄒᆞᄂᆡ
두ᄅᆞᆯ ᄒᆞᆨ 여셔 보아 려올 ᄂᆞᆺ저든 도로 ᄂᆡ여
ᄎᆞ거든 다시 여허 ᄡᅧ ᄒᆞᆯ ᄒᆞᆯᄃᆡ 두 휘ᄂᆞ 원
열ᄂᆞᆫ ᄂᆞᆯ 이나 ᄆᆞ나니면 ᄡᅵ서 주乙 갓 ᄒᆞᆫ ᄒᆞ여화
이월 니화 쥬

등셔니희 作변이ᄅᆞ 힝ᄃᆡᆨ이수ᄃᆡᆨ
아ᄲᅬ 후교 흘령 허ᄉᆞᆯ이옥 벗희 살외
여동 ᄉᆡᆼ가 화픠 뇌흘 계잔 ᄆᆞᆯᄒᆞ야 ᄀᆞ
늘게치고 ᄇᆞᆰ이 월두ᄂᆞ른 ᄲᆡᄲᆡ 짝발
ᄒᆞ야 구무 ᄲᅧ세 [illegible] 쩌러이 상ᄒᆡᆼ 쳐와 ᄉᆞᆯ
지쥐고 ᄃᆞ셔 ᄒᆞᆫ아 노고 ᄇᆞ리ᄂᆞᆫ ᄂᆞᆯ흔흔
애허노괴 적적 ᄂᆡ여 누룩ᄀᆞ른 ᄡᅥᆺ고져
놋ᄒᆞᆫ ᄡᆞᆯ의 국ᄡᆞᆯ 잇되 삭너 흐뎌 치키

아ᄡᆞᆫ느면 ᄃᆞᆼ이 속의 ᄅᆞᆯ 뎡ᄋᆞᆺ고 ᄆᆞᄃᆞ이
뎔ᄋᆞ면 ᄃᆞᆼ이 ᄡᆞᆺ기 편ᄒᆞ디 아ᄂᆞᆯ ᄃᆞᆫᄂᆞ치
아ᄂᆞᆯ 호티 너모 ᄃᆞᆫ ᄃᆞ 굴ᄒᆡ도 ᄡᆞ시티 아니
호ᄂᆞ라 뎌ᄒᆞ 老 비 ᄯᆞᆺ ᄒᆞᄋᆞᆫ ᄃᆞᆼ 쇽ᄒᆡ 뎐
흐로 ᄒᆡᆼ뎌로 ᄒᆞ 진오ᄂᆞᆫ 궁ᄎᆞᆨ을 ᄃᆞᆼ키
볼ᄃᆡᄂᆞᆫ 온ᄃᆡᄂᆞᆫ 두ᄃᆡ예 ᄯᅩ ᄃᆡᄂᆞᆫ 쇠
볼ᄃᆡ예 ᄯᅩ 은ᄃᆡᄂᆞᆫ 비ᄂᆞᆫᄃᆡ ᄡᆞ의 ᄒᆞ며
족시 드려 온 ᄲᅵᆷ 질ᄒᆞᆯ ᄡᅩᆺ 가ᄂᆞᆫ ᄒᆞᆫ ᄃᆞᆼ이

벌므려노코 실ᄆᆡᄌᆞ ᄆᆞᆺᄒᆞᄅᆞᆯ 두ᄃᆞᄌᆞ려도록
빗쎼노코 너허 둔ᄂᆞ이 붐ᄒᆞ야 두면 닉으니
져울 올 조치ᄂᆞᆫ 너흘 낭올 리ᄋᆞᆯ 졀 ᄊᆞᆫ

니화법

正月亥日의 白米 一斗를 ᄇᆡᆨ셰ᄒᆞ야 ᄃᆞᆷ갓ᄃᆞ
가ᄲᆞᄉᆞ거든 잘ᄲᆞᄒᆞᆯ되 ᄀᆞ니 뇌야 물ᄭᅳᆯ 일
ᄡᆞ초아 오리알희엳 반치 든ᄂᆞ이 쥐디믈

ᄒᆞᆫᄡᆞᆯ의 괄이 ᄒᆞᆫᄡᆞᆯ 빅셰ᄒᆞ야 ᄂᆞᆨ게 ᄶᅧ 쳐
왕삿 술의 섯거 七日後 쓰라

녹지쥬

白米 一斗 百번이나 ᄡᆞᆯ 혀 百번 이ᄉ 새 ᄶᅧ
혀 ᄂᆞᆨ게 ᄶᅧ 熟水 九升의 골나 식거든 이든
ᄒᆞᆫ 누룩 두 되 진ᄀᆞᆯ ᄒᆞᆫ 숨 섯거 독의 너허
ᄲᆞᆫ 조거든 도로 너ᄒᆞ야 누룩 진ᄀᆞᆯ 각 두 홉 ᄶᅵᆷ
ᄡᅥ 되 빅셰ᄒᆞ야 ᄂᆞᆨ게 ᄶᅧ 식여 젼술의

ᄂ도〻 섯거처 삼ᄃᆞᆫ 믈을 ᄒᆞᆫᄃᆡ 빗ᄂᆞ 一 되너
허 ᄃᆞᆫ〻이 ᄊᆞ서 둣ᄃᆞ가 ᄢᅡᆸᄡᆞᆯ의 粘米 一 斗를
百沸ᄒᆞ야 ᄃᆞᆷ갓ᄃᆞ가 ᄆᆡᆺ 저와 셧식여 젼술
을 니여 고로〻 섯거 ᄒᆞᆫ의 너허 닉거든 도
되오ᄃᆡ ᄂᆞᆯ〻ᄂᆞᆯ 기울기 ᄲᆞᆯ리 ᄠᅵ발아

佐ᄒᆞᆫ법

白米 一 斗 百洗 作末ᄒᆞ여 ᄂᆞᆯ을 ᄒᆞᆫ ᄯᅢ 주지水 ᄌᆞ
거든 주ᄇᆞᆯ ᄂᆞᆯ ᄒᆞᆫ 되 섯거 ᄒᆞᆫ 죽ᄒᆞ야 ᄂᆞᆯ이여든

부뢰ᄃᆞᆺ 블근 紅모이 이러온 ᄲᅥ의 너허 벋노ᄒᆞᆫ
ᄂᆞ 삼ᄃᆞᆺ다가 친 일은 ᄊᆡ의 셔ᄅᆞ 그치 ᄃᆞᆫᄀᆞᆯ ᄇᆞᆲ을
쳣즐 졔 갓ᄀᆞ면 미온 ᄯᆡ시 ᄡᆞᆫ ᄒᆞ라 뎌 ᄅᆞᆫ 은
술빗ᄎᆞᆫ ᄲᆞᆼ의 삿징 ᄀᆞ보도 아ᄃᆞᆺ ᄃᆞ가 ᄉᆞᆫ 일
ᄡᅳ시면 조ᄒᆞ니라

향온쥬

白米一斗 百洗 作末ᄒᆞ여 구무ᄯᅥᆨ 빗비저 믈을
ᄒᆞᆫ ᄉᆞ ᄡᆞᆯ의 ᄉᆞᆯ 이 식거든 조흔 국ᄆᆞᆯ 一升을

이틀만의 더디 믈셜혀가며 빗치진구료도록
넉게 녀노코 술씻츨쳐메 브드니 뎐한의
너허뎐 몹지 술씻츨혀가며 셜너노코 그례
ᄶᅵ실늘 녀허노코 흐롬지의 촌펴ᄃᆞ 거워ᄂᆞᆫ
으로 옷버므려 주거으로 뎐이 엿시고로
큰ᄅ 버므려 ᄯᆞᆫ한의 눌녀가며 너흐되 실니
져서 삭지아수케 ᄠᅩ혀가며 펴니여 섯허가며
눌너 너허 된의 조롬롬케 ᄒᆞ야 돈ᄂᆞ이 좋

停僅혼믈 十斗를 ᄎᆞ거든 진 술의 섯거
너허 붓거든 드리워 쓰라

된벽향쥬

白米二斗 百洗、、作末ᄒᆞ야 쥭 기ᄒᆞ야 ᄎᆞ거든
국ᄀᆞᆯ 닷 되 섯거 七合 ᄀᆞ로、、 섯거 한 녀고
ᄯᅥᆨ 믈 지 作로 쑤어 倍 향의 펏ᄂᆞᄀᆞ 싸혀
든 누룩 ᄆᆞᆼ난 ᄢᅴ혀 두고 술밋 훈 닷 를 연
의ᄂᆞᆫ 粘米 一斗 百洗ᄒᆞ야 들 가ᄂᆞᆫ ᄯᅩ ᄲᆞᆯ 지와

白米粘米各一斗五升式ᄒᆞᆫ되 싯거 百洗作末ᄒᆞ고
水낙게 倒熱水四斗 노곤ᄒᆞ거든 麯末子
노眞末一升五合 섯거여 ᄆᆞᆯᄋᆞᆯ 三日 경ᄒᆞ은
七日 春秋ᄂᆞᆫ 五日 만의 白米四斗 白洗作末ᄒᆞ야
낙게 倒熱水ᄂᆞ라 노고로 、、 줄ᄋᆞ ᄎᆞ거든.
뉴麯ᄂᆞᆫ 되로 麯 진ᄂᆞᆫ 섯거 너허 春夏
秋冬을 依法ᄒᆞ여 블러 ᄒᆞ여 두어 ᄃᆞᆯ 알ᄂᆞᆫ 수
次次 又 又乃往 白米四斗를 百洗作末ᄒᆞ여

ᄒᆞᆫ 돌게 ᄒᆞ되 ᄒᆞ면 려ᄂᆞᆫ 칠에 너흐라

하알쥬

빅미 셔ᄣᆞᆯ 百洗 작ᄣᆞᆯ ᄒᆞ야 닉게 ᄶᅧ 더온ᄅᆞᆯ
뇌가옷시 므르ᄃᆞ거든 조흔 국ᄣᆞᆯ 쳐되ᄅᆞ
혓거 독의 너허 ᄉᆞᄒᆞᆯ 만의 졈미 싀블만
쳬ᄒᆞ야 닉게 ᄶᅧ 冷水 엿 되ᄅᆞ 섯퍼 삭여
젼술을 시여 머므되 ᄉᆡᆨ칠ᄀᆞᄅᆞ 쓰ᄂᆞ니라
므리은 빅향쥬

쥭기의 이만치 쥭 作ᄒᆞ여 ᄎᆞ거든 ᄌᆞᆷ ᄭᆞᆫ 진 ᄭᆞᆫ 각
ᄯᅩ 흡고로 ᄒᆡᆺ거ᄃᆡ 혀 져 ᄭᅮᆯ이 ᄇᆞᆫ드 ᄎᆞᆫ ᄇᆡ의 두
고 여름이면 ᄎᆞᆫ ᄃᆡ 둣드가 먹ᄭᅴ거든 糯米 一
각ᄀᆞᆷ 洗ᄒᆞ야 ᄃᆞᆷ가 드ᄂᆡ 므이 쳐와 쪄 ᄂᆞᆯ
두어 ᄉᆞᆷ 보ᄃᆞᆺ 무수이 주믈너 ᄡᅵᆺᄡᅵᆺ 치므러 ᄯᅢ
허이이 친 후 ᄡᅳᄃᆡ 삭 칠 ᄉᆞ 변 ᄌᆞ흐니라 쥭이
ᄆᆡᆸ게 ᄒᆞᆯ려 ᄒᆞ면 쥭과 ᄡᆞᆯ을 가ᄌᆞᆼ 쳐와 쥴
ᄂᆞᆫ ᄆᆡᆸ게 ᄒᆞ려 ᄒᆞ면 쥭 ᄒᆞᆫ ᄆᆞᆯ 흔 ᄶᆞᆯ 간 ᄃᆞ ᄉᆞ게

독의 너허 서늘ᄒᆞᆫ ᄃᆡ 두ᄃᆞ가 잇ᄐᆞᆫ날 죡
ᄡᆞᆯ 一斗 되 너허 ᄯᅩ 잇ᄐᆞᆫ날 본 ᄃᆞᆯ 괴온 쓴 두
ᄡᆞᆯ을 잘 가ᄅᆞ 씨허 물 블 ᄭᅳᆯ ~ 년 더 ᄲᅥ ᄉᆞ여
맛 치어 므ᄅᆡ 둣ᄃᆞ가 ᄯᅩ ᄆᆞᄒᆞᆫ 날이어든 ᄆᆞᄅᆞ 나니
一年 시 두어도 변치 아니ᄒᆞ고 ᄆᆞ시 갈 ᄒᆞᆫ 훈
되이고 ᄃᆞᆫ 술이 아자 잘 ᄉᆡᆼ고 조ᄒᆞ니라

ᄯᅩ ᄒᆞᆫ 법

白粘米 二斗 百洗ᄒᆞ야 作末ᄒᆞ야 熟水 三四 甁의

끌나 밤지와 ᄉᆡ거든 국 ᄲᆞᆫ 셔 되 ᄡᅵᆺ 춤 너며
ᄒᆞᆫ 디 ᄇᆡᆼ오래 너허 두면 오월 초싱이ᄂᆞᆫ
먹어 므ᄅᆞᆫ 우 ᄇᆞᆺ마 ᄡᆞ거 드ᄂᆞ니라

쳥면죡

쳥면 안의 粘米 三斗을 ᄇᆡᆨ면이 ᄉᆞ슬 허
두 ᄇᆞᆺ올 ᄃᆞᆫ 가두ᄅᆞ ᄒᆞᆫ ᄲᆞᆫ을 작ᄲᆞᆫ ᄒᆞᄂᆞᆫ
倂 ᄒᆞᆫ ᄃᆞᆫ 이 지 아 디 ᄂᆞᆫ 잇게 ᄒᆞ면 ᄇᆡᆨ아 ᄀᆞᆺ치
ᄒᆞᆫ 믜게 ᄒᆞ며 ᄒᆞ면 느ᄅᆞᆷ이 흐르 ᄆᆞᆫ 치 ᄒᆞᄂᆞᆫ

녯법

졍월샹가 ᄇᆡᆨ미 닷말 ᄇᆡᆨ셰 작말ᄒᆞ야
녹게 ᄧᅵ여 ᄯᅥ러 오ᄅᆞᆫ 信은 ᄭᅳᆫ날 믈 ᄲᅮᆷ부
어 고로 뒤혀 ᄂᆞᆫ 작게 부어 ᄧᅡᆨ음시 ᄒᆞᆫ
후라 ᄲᅮᆷ어 ᄲᅡᆼ위 ᄭᅳᆫ ᄂᆞᆫ거든 ᄌᆞᆨ ᄲᅩ아
곰되 셧거 ᄃᆞᆨ보되 ᄯᅩᆯ 조희로 ᄲᅡᆯᄂᆞᆫ 듯
ᄆᆞᄒᆞ ᄉᆞ월 ᄡᆞᆯ 쳔이 白米 十斗 粘米 五
斗 百洗 ᄒᆞ여 녹게 ᄧᅵ여 信ᄒᆞᆫ 믈 엳 ᄲᅳᆷ이

조곡추별곡

정월첫돗날 박미닷되 작발을아 불
셔말의 죽쑤어 혼리뎌 돗두가 석거
두죽쌀오홉 진쌀오홉 너허 쳐어
돗주가 이튼날 젹이 새벽 흘너 밟
닉게 써뎡이ㆍㆍ붕쳐 훈뒤 고아두면
열낙노으라 더러돗주가 삭ㅅ월의 쇼
지오리도록 맑고 향긔 도오이라

쇠ㅅ빨의즉상어써늘케치와폼빨ᄂᆞᆫ
쇄되진ᄲᆞᆯᄯᅢ되썻거함의너희흔티
두어ᄃᆞᆫ가이ᄋᆞᆫ시ᄉᆞᄂᆞ라쓴너ᄲᆞᆫ빠
쇄즌ᄲᆞᆯ을와물티빨ᄇᆞᆯ어ᄀᆞ이ᄂᆞᆫ치와
술빗빠모ᄅᆡ너헛ᄌᆞ가상길의싄
닷ᄲᆞᆯ의리에ᄯᅥ믄티ᄲᆞᆯ의ᄲᅥ모ᄅᆡ쳐와
ᄃᆡᆺ술ᄲᅥᆺ돗버모ᄅᆡᄉᆞ쉰조신의무하
거ᄂᆞᆫᄯᅥᄉᆞᆨ라

쳔지와 샹졔ᄭᅴ셔 됴감ᄒᆞ여셔 ᄃᆞ구ᄒᆞ되온
뎌ᄒᆞᆫ을 도록 ᄃᆞᄒᆞ여 노코 약을 갓초
와도 엇ᄌᆞᆸ기 ᄂᆞᆫ 기본 뎐복을 ᄆᆞᆫ드러 현지
와 ᄆᆞ음을 ᄒᆞ즁 ᄒᆞᆫ 거슨 부어 ᄎᆞᆷ히 쥐
어엿비 약ᄂᆞᆯ 셰이 ᄃᆡ여 ᄯᅥ어 티여 버
혀 실여 삭거든 ᄎᆞ지 ᄒᆞ여 ᄉᆞᄅᆞᆷ
비일쥬
졍월 쵸ᄉᆞ흔날 産後 되ᄋᆞᆷ을 ᄉᆞᆯ믄

되홍ᄒᆞ야 뎌ᄎᆞ가 녹ᄂᆞᆫ 물리여지거든
빈을 ᄡᅵ셩귀지료 부뢰두 돈ᄂᆞ이 ᄉᆞᆺ비
ᄂᆞᆫ 소리로 ᄂᆞ흘 려펴 ᄯᅥ희 깁지 무ᄎᆞᆺ
ᄌᆞ가 삭심읍ᄋᆞ 지ᄂᆞᆫ 후 시면 셔이 되ᄂᆞ
니라

쳥디셤

연ᄒᆞᆫ 고기ᄅᆞᆯ ᄂᆞᄅᆞ두드려 ᄭᆡ ᄎᆞᆫ ᄃᆞᆯ로
ᄀᆞ기ᄅᆞᆯ 올녀두ᄅᆞᆯ 드리 쾌히 ᄒᆞ야 블ᄂᆡ

춘삼이나춘기잠삼이나흔밭을뜨미이
희게살혀박세ᄒᆞ에빵을셔려온김
의엿기름가르흔되라죈화숙엿되
예끌ᄂᆞ스함의너허더운빵의두되
겨울이면초흔도됨우려사지두
근여름이면초흔으로평여가지두여
라깃구년피잘너쏫스벌의너고조흔되
초를시빨ᄂᆞ보되르다ᄉᆞ흥울어허숏

春기잔笑은뿔이細象나倒엿기믈ㄱ
로何為두룩가로두為빵이삭치아
水何한의더해아리롯의느었는가삭
운후드리위붓상게쁠ㄹ만화로닦
혀春물의春노어드리위ㄱ두안ㅈ면족
시퍼ㄴ水버드ㅂ그로려으면빅親이요무
프레토대으 변환親이되ㄴ자
健민드는법

ᄒᆞᆫ되ᄡᆞᆯ지ᄋᆞᆫ 누룩도너 섯허 초지 않ᄋᆞᆫ
ᄡᆞᆯ라ᄀᆞᆺ치 ᄒᆞᆫ디 너흐되 ᄡᆞᆯ이 삭거든
뎌ᄉᆞ 삼ᄎᆞᆯ 노히ᄶᅢ며 여ᄇᆞᆫ 거ᄒᆞᆯ거든
리조ᄒᆞᆫ되 드러브어두면 오ᄅᆞᆫ 후 구든
약ᄉᆞ모리ᄀᆞᆫ 식ᄀᆞᆫ 조ᄒᆞ후라 뷔가며ᄃᆞ되ᄂᆞᆫ
술에ᄉᆞ 후ᄒᆞ주나 부어가며 ᄊᆞᄂᆞ라
디감 각ᄉᆡᆨ으로 흘ᄒᆞᆫ라면 ᄂᆡ도 됴ᄒᆞ니라

조쳥

아ᄆᆞ려나 셩울 너ᄒᆞ면 죠ᄒᆞᄂᆞ니라

재초 초

ᄲᆞᆯᄂᆞ 온 ᄃᆡ초ᄅᆞ ᄒᆞᆫ 벌 씨셔 다소 잔
의녓ᄂᆞᆫ 항의 七合ᄲᅮᆫ 되게 너코 빙숫ᄃᆞᆼ
졔몸곤 ᄀᆞᆫ치 붓ㄹ 손으로 눌러 벋
방얼친 ᄣᅡᆺ치 손등에 물ᄂᆞ이 ᄏᆡ 헤게 ᄒᆞᆫ
아뎌 미ᄂᆞ 드못 드ᄆᆞ여 뎌 ᄂᆞᆫ 되애 끝ᄂᆞ지
흔쳔시 ᄂᆞ거든 디ᄒᆞ여 되ᄯᅡ ᄒᆞᆫ서 ᄒᆞᆫ 쳔

ᄂᆞᆫ ᄒᆞᆯ ᄋᆞ외로ᄋᆞᆸ 손을 못다 ᄒᆞ게 셔럽
거든 그려ᄋᆞ 감픠 속을 허여ᄂᆞᆫ 즙리
히ᄒᆞᆫ 울우려다가 ᄡᅥ ᄒᆞᆯᄉᆞ 삭편 ᄲᅵ
면 죽긴 〻〻 ᄒᆞᄂᆞ라 못ᄒᆞᆫ 부ᄃᆡ 거ᄌᆡᆨ으
로 우ᄒᆞᆫ 홀ᄉᆞ이 렴ᄒᆡᄋᆞ 도료 죽진 ᄒᆞ며
ᄋᆞ장 되ᄂᆞ니라 ᄯᅩ 기ᄃᆞ 우흐로 ᄒᆞ셔나
리 ᄠᅳ지 ᄡᆞᆯ고 빗흐로 ᄒᆞ셔 치셔ᄋᆞ 조심ᄒᆞᆸ
ᄂᆞ라 혜ᄋᆞᆯ ᄠᅥᄌᆞᆨᄋᆞᆯ 쾌지렴 파ᄅᆡᆨ

이녀도 ᄯᅩᄒᆞ면 ᄉᆞ각〻ᄒᆞᆯ 나문이
ᄡᆞᄒᆞ면 식게 되니 갈 풀어라 알ᄋᆞ호
ᄒᆞᆫ여야 도로 두헐 ᄉᆞᆯ 궁굴 깁기 콘산
아니가 소외치 이게 폰 들ᄉᆞᆯ 여
ᄲᅡ롸 뵈여 삿ᄒᆞ라 너료 겨셔 너고 ᄅᆞ시
나묻고 물다 여셧 고ᄅᆞ 시수 뵈으되 ᄂᆞᆯ
이렁거든 고려 보고 친거ᄂᆞᆫ 은해 보고
제ᄎᆡᆨ으로 우흘 ᄡᆞᆫ 이ᄅᆞᆷ고 둣ᄉᆞ가 ᄉᆞ

다가 사나ᄒᆞᆯ산 다나거든 볏헤 대엿서
ᄡᆞᆯ이 몬뇌여 굴근 체로 쳐 소곤
믈의 ᄡᆞᆯ ᄒᆞᆫ 되 ᄂᆞᆯ ᄂᆞᆯ 뫼 ᄯᅥ로 두ᄃᆞ려 ᄭᆡ
소곰 ᄒᆞᆫ 되 ᄉᆞ오리 너코 질긔 되 가ᄂᆞᆫ 손
울 즤 더 보ᄂᆡ 희이 더 ᄡᆞᆺ이 다 ᄂᆞᆫ 물
소곰믈의 ᄃᆞᆷ으되 셩 칠 치 ᄒᆞ야 ᄃᆞᆷ은
뒤엳 앗 지 ᄃᆞ시 ᄉᆞᆯ믄 노흔 체 ᄡᆞ으로 흔
제 안치 뒤엳 ᄀᆞᄉᆞ되 편〃치 오리ᄒᆞ여 ᄡᆞᆷ

랑기ᄂᆞᆫ이두ᄯᆞᆯ이ᄋᆡ공부되무너ᄒᆞ되
콩을ᄉᆞ나ᄒᆞᆯ제ᄉᆞ뎌가두면거품뎌쉰
지나거든우믈이가리씨셔기ᄅᆞᆷ의엿
져실니동으미이다게여기르라공
이흥ᄒᆞᆫ도록ᄂᆞ히셔희버조믈ᄃᆞᆫ게
ᆢ쥐며며드ᄅᆞᆫ고든서나달고라서ᄂᆞ다
농ᄒᆞᆯ졔두어만한엿ᄋᆞᆫ사ᄂᆞᄒᆞᆯ뎐의
보면부희엿게뎟거ᄂᆞᆫ빗가ᄒᆞᆯ나듯

히리三分之一이되게달혀아빗치곱ᄀᆞ
드어도상치아니ᄒᆞᄂᆞ니라구월ᄇᆞᆯ브터
월ᄭᆞ지이장을담아쓰ᄂᆞ니극열ᄒᆞᆫ듸
셔못두ᄂᆞ니라그외ᄂᆞᆫ소금석거셔ᄭᅳ
ᄂᆞ니라

즙쟝

흰콩으로메주ᄆᆡᆫᄂᆞ도흘날ᄎᆞᆯ딕ᄂᆞᆯ
별구장오리두고ᄡᅧ도빈칭ᄀᆞ흘ᄯᅥ

ᄒᆞᆫ 외 너코 소곰을 믈은 손이 ᄒᆞᆫ야 ᄒᆞ여셔
ᄂᆞᆯ게 치라 어셔 ᄉᆞᆨᄂᆞᆫ 옹박이 가득이
녀허 두어ᄃᆞ가 블의 ᄃᆞ혀 ᄡᆞᄂᆞ니라

쳥쟝

며조 ᄒᆞᆫ 말의 블ᄂᆞᆫ 콩 ᄒᆞᆫ 되 소곰 닷 되식은
ᄆᆞᆯ고 ᄂᆞᆯ의 노하 두면 ᄡᆞ시 두ᄂᆞ 소곰 ᄡᆞ시
가ᄅᆞᆫ ᄒᆞ구 우희 이블 진 거ᄉᆞᆯ 것고 길
니 ᄲᆞ바 다지령 ᄡᆞᆺ 브ᄅᆞᆫ 믈을 ᄯᅥ 계ᄋᆞᆯ 야 ᄒᆞᆯ

주곰 쓰ᄂᆞ와 참쳐
외롤 두어 러버히ᄂᆞ 믄ᄋᆞᆯ 블근 쯧지게 ᄒᆞ셔
잘ᄀᆞ레더니와 춘블이 러온 리ᄅᆞᆯ ᄒᆞ여시
새로 상ᄀᆞᆫ 녀ᄃᆞᆯ 두ᄅᆞᆯ 씨뜰 ᄀᆞ로ᄂᆞᆯ
ᄂᆞ 그롯외 너코 ᄆᆞᆯ 볼 ᄒᆞ셔 ᄡᆞᆯᄂᆞᆫ 흘게
ᄡᆞ로와 ᄉᆞ모ᄂᆞ니라
겨울의 쓴 가지 랍매
八月晦間 九月初生의 ᄯᅮᆫ 가지들 쓰셔

소골울러프러 다시 셩회 친와 몯ᄒᆞᆫ 어
히 ᄒᆞ오 ᄒᆞᆯ 줄 ᄒᆞᆫ 줄은 노지 절ᄒᆞ여 ᄯᆞ지ᄋᆞ
나게 ᄒᆞ야 헌 ᄒᆞᆫ ᄒᆞᆫ 뎌 두 생치ᄋᆞ 고
맛ᄯᅢ 승겸기는 잠도 ᄌᆞ시 알던 ᄎᆞᆯ
되오 ᄒᆞᆫ이 적ᄋᆞ면 목ᄅᆞᆯ 괴 ᄊᆞ지오리
ᄇᆞᆺ시우 ᄞᅢ연 디 알ᄋᆞ ᄒᆞᄂᆞ 이 법 디 ᄅᆞ숩
거이 ᄒᆞᆫ 걸 ᄋᆞᆫ 외다도 당갓 ᄃᆞ가 동ᄒᆞᆫ다
이 배 녀 ᄒᆞ면 ᄒᆞ오ᄒᆞ오 ᄒᆞ리

두면 더옴의 쓰기도 ᄒᆞᄂᆞ니라

파동ᄂᆞᆫ 외와 짐쳐

늘근 외들흘의 씻지 말ᄂᆞ 힝ᄌᆞ른 션

든가며 외예 무든 거ᄉᆞᆯ 리 씨셔 물긔 롬

신후 ᄒᆞ득 외ᄒᆞᄂᆞᆫ 너코 소ᄒᆞᆫ을ᄒᆞᆯ 닷게 프

런ᄂᆞ 붓지 지게 셜ᄒᆡ 부ᄒᆞ면 외가 혹ᄂᆞ 더

지ᄂᆞᆫ 듯ᄒᆞᆫ 거든 물노 지질ᄒᆞ여 두엇다가 사

ᄂᆞᄒᆞᆯ ᄡᅡᆯ리거든 외ᄃᆞᆯᄒᆞᆯ 너코 고소ᄒᆞᆫ ᄯᅩᄒᆞᆯ ᄉᆡ

치리 복가니여 속은 플근이 때든 은 허고신
터븍곤 거술 드리며 온 조곰 덜허며 파혈
대구리 쓰뎌 너고 장간ᄒᆞ매 티매 못ᄒᆞ여
국쇄로 국을 쇄 싸운이ᄒᆞ여 도로ᄒᆞ여라
저오는 외산는 불외 참허
팔불흔 ᄒᆞᄌᆡ 싱외 질ᄒᆞ은 외들 서서 월셰워
항외여고 소곰을 울울흐히 금은지
계흔ᄒᆞ 븟ᄂᆞ 산ᄒᆞ니너흔 마드이미이

곳곰닥논줄참치

춘은젹을ᄀᆞ리여믈씨워향의너코소츈
짐어너코젼초싱강파두려너고져어
촐로ᄊᆞᆫ방바독의노핫다가판준우헤ᄂᆞ
연져두어이르면열보름이타도쓰ᄂᆞ
니라

장리침치

외라싱디믈씨효라각각잘가기름쓱

ᄒᆞ여 두고 쓰ᄂᆞ니라

잡채

ᄎᆞ우 침[illegible]러고 숫무우 샷홀고 주두기
몸과 무우 버모 표고 셕이 ᄲᆞ우거리너
ᄒᆞ뒤 두 가지 녹우 우연 녹두기ᄅᆞᆷ ᄲᆞ우거
리 못쳐 데쳐 고체에 약념 들희 ᄒᆡ기를
지령 쳐 복가 즙국을 ᄭᅵᆺᄂᆞ게 ᄒᆞ여 ᄒᆡ
ᄲᅥᆺ거 쓰ᄂᆞ니라

부가 망가 생죄 가소리 부두되오흔
조식어고로ᄃᆞ 잘ᄒᆞᆫ들이면 모른이
라 任 잘ᄒᆞ며 부가 제ᄉᆞ를 偽候ᄒᆞ되게
게야 보읍오오니라
비ᄎᆞ생
도혼비ᄎᆞ를 밋ᄃᆞ연ᄒᆞᆫ리든 ᄒᆞ가득
기린ᄭᆞ치 ᄎᆞᆫᄒᆞᆫᄎᆞᆫ두로 기릅오라
쌋치고 잘가 부가 ᄒᆞ니고 主제ᄉᆞ偽候이

웃슈을 ᄂᆞᆫ 잔국의 ᄉᆞ나히 데쳐 섯고 ᄎᆞᆫ
ᄀᆞ슌게 ᄒᆞ야 예어 진ᄀᆞᄅᆞ 잣ᄀᆞᄅᆞ 섯거 초 노ᄒᆞ
라 ᄃᆞᆼ신초ᄅᆞᆯ ᄒᆞᄂᆞᆫ 믈의 ᄃᆡ ᄃᆡ ᄶᆞᆨ서 ᄀᆞ
로 섯거도 가장 조ᄒᆞ니라

동화션

션동화ᄅᆞᆯ 조각지어 ᄉᆡ 뎌 약간 므르게
박ᄂᆞᆯ거ᄃᆞᆫ ᄉᆞ변 치ᄃᆞᆺ 불 싱리게 샹ᄒᆞ라
ᄉᆞᆺ초 조리 ᄊᆡᆺ고 기ᄅᆞᆷ 조곰 ᄊᆡᆺ치고 잣ᄀᆞᄅᆞ

외ᄃᆞ리ᄂᆞᆫ 표ᄅᆞᆫ ᄉᆡᆨ이 뎌욱 허ᄃᆞ리 이오
ᄆᆞᆺ 빈치 셩히ᄒᆞᆫ 악의 짐을 ᄉᆞᄂᆞ라 너
허자ᄂᆞᆫ 편 희ᄃᆡ아 셰ᄒᆞᆫ의 ᄒᆞ리 살편
조ᄒᆞᆫ ᄃᆡ라 아리 집을 ᄃᆞ리라 ᄒᆞ디 너허
편히 ᄲᅧ되오믈 조리ᄋᆞ ᄃᆞᆯ로 ᄆᆡ나
ᄎᆞ너허 편히 ᄂᆞ니라

머리 풀 젹

머리 풀을 딘 우 갓치 ᄃᆞᆯ어 편 ᄎᆞᆫ에 ᄂᆞ

둘둘너허ᄒᆞ히허 블오기는 녀도이ᄒᆞ
히면 든ᄒᆞ니므로기와 되리라 알삿온
거ᄉᆞᆫ 여ᄋᆞ 받리외ᄒᆞ온후의 ᄋᆡ허ᄒᆞᆸ
스즈ᄉᆞᄒᆞ히면 조고ᄆᆞ코기 듣 평ᄒᆞ
으로ᄂᆞᆫ 여보 요ᄒᆞ도와
간ᄇᆡᆨ이 ᄒᆞᆫ
평ᄒᆞ아외 점이 삿기빈 돈ᄃᆞ지게 잇ᄂᆞᆫ
거시오 ᄢᆞ치쇠 됴롱 창즈ᄆᆞ ᄃᆞᄂᆞ 질ᄒᆞ

호ᄌᆞ가로 지렁물을 혀ᄒᆞ슨ᄒᆞ효이
즉편더도 어련도되 즉편도 몰듯ᄒᆡ게
힝긔ᄯᆞᆯ아 물은 울 션치 ᄢᅢ물여노와셔
련어 베ᄋᆞ지 게삿ᄉᆞ라 너코 무로 기를
두ᄃᆞ려 나로이 ᄂᆞᆯ아 지렁 기름 치고 파
두ᄃᆞ려 너허 ᄒᆞᆫ 되 ᄒᆞᆸ ᄒᆞ야 시알 앗치무
빅여 모밀 가로 ᄒᆞᆺ ᄎᆡ 션히 디 잔국을은
최ᄊᆞᆫ ᄒᆞ조아 기름 더 션히 ᄃᆞ가 이것

돈을 알갓게 베혀 프르 혁에 ᄲᅡᄒᆞ여와
쵸 무우 ᄒᆞᆫ ᄉᆞᆷ ᄂᆞᆫ 호라 도랴 너고 지령
기ᄅᆞᆷ 너허 ᄒᆞᆫ의 ᄃᆞ아 쵸ᄒᆞᆫ 믈 ᄆᆡᆫ 쵸고 쵸
희ᄅᆞ도 ᄆᆞᆷ건이 ᄒᆞ여 ᄯᅥ 희ᄅᆞᆯ 보ᄒᆞ와

무로기탕

희ᄉᆞ고 아 삿ᄒᆞᆯ 근 쵸어 ᄉᆞ 민어 ᄉᆞ 어 치ᄂᆞᆫ
콩 삿ᄒᆞᆯ 근 ᄒᆞᆷ 할 ᄲᅡ 부 너의 선 ᄅᆡ 옷
ᄒᆞ라 너고 ᄀᆞᄅᆞᆫ 뎌 부 낫 무 치ᄂᆞᆫ 혀ᄆᆞ 파

려信히도구게ᄒᆞᆯ흔가지로너허 信혀
니라

줄탕

줄을 將奴무쳐 편뉴지로흙을로
르게츳도게로아싸홀로삶은닭유던
여녀고 將奴을흰긔 ᄲᅡ먹이어되어
싸흐라너허 信히면 조흐니라

천계탕

싱히ᄋᆞ올 모시게 삿ᄒᆞ라 옷희기ᄅᆞᆫ 또
뢰 산뒤ᄂᆞᆫ 복ᄃᆞ 가졋ᄀᆞ올 뒤ᄂᆞᆫ 두ᄇᆞᄅᆞᆯ
ᄊᆡᆨᄒᆞ라 니허 부ᄅᆞᆯ 제信희侄 조ᄒᆞ올外

계향

계속 ᄎᆞ지 쟝 누두 모화 待郞 너뇨 기ᄅᆞᆫ 쟝
파ᄒᆞ고 조ᄀᆞ ᄅᆞ디허 ᄃᆞ뢰ᄂᆞᆫ지 여게 속이 도토
녀뇨 ᄀᆞ올 ᄆᆞ이 조ᄒᆞ여 붓ᄂᆞᆫ 셩치 엿ᄒᆞ여 너
고 쉽 도우 삿ᄒᆞ라 너허 진 ᄡᆞᆯ 앗ᄀᆞᆫ 푸

지평석어서놀와

토란편

토란을 흙속 살서 못 씨듯 가장 부드게
여렬구의 요리씌 흥어 초례를 르를
그은시 비아 노코 온섯 티섶을 부쳐 가며
빨소를 너허 다ᄌ 바를 비례 섶두 터바
그른므티 둘로 조흥이 롤
텅유땅

모른거시엇거든두드려너교지령가론
싱강두드려너허 졍빠와물후호초
잣갈울우회ᄀ로ᄂᄂ 쎄혀어러어산라

려션

뎌옷울놀고빠낟츠 벅우빠로츠 놀
으니두드려쳔초ᄆ로ㄷ 놀파션강ㄷ놀
셔혼디나믈두드려지령기름빠초너혀
물혀어러미와노화 셔치와샷ᄒᆞ라초

젹셔독ᄲᆞᆯ무쳐지ᄒᆞ면진히지아ᄂᆞ라

간편ᄒᆞᆫ、

간울ᄂᆞᆯ늬어두드려복ᄲᆞᆯ의엿고콩석거
무쳐지뢰삭ᄒᆞ라삭연질기지아니코조

유ᄒᆞ라

폭편

폭을ᄲᆞᆫᄂᆞ게ᄡᅥ러ᄂᆞᆫ으되물ᄲᆞᄒᆞ고부어노
물이ᄎᆞ게ᄒᆞ아ᄲᅧ롤갈희야ᄉᆡᆨ희ᄒᆞᆫ젼

여ᄒᆞ지면 ᄒᆞ엿더니 만득ᄆᆞ토되 ᄆᆞᄌᆞᆫ 더ᄂᆞ
ᄋᆞ니와 녹ᄆᆞᆯ 블너 보ᄂᆡ니 ᄒᆞ엿ᄉᆞᆫ 연ᄎᆞ치 아
니ᄒᆞᆫ 너ᄅᆞ면 ᄒᆞᆫ ᄃᆡ 박기어든 ᄒᆞ여지
니옵ᄉᆞᆫ ᄒᆞ더니 셔쳐ᄒᆞ야 ᄌᆞ고 ᄃᆞᄒᆞᆫ ᄒᆞ게 ᄒᆞᆫ 쑤
허지기를 실히 ᄒᆞ니 씰고 ᄉᆞᆺᄉᆞᆺ치 감ᄒᆞ야
ᄃᆞᄅᆞ면 아니 즉 되지 ᄋᆞ니라

영천유ᄂᆞᆫ

양ᄒᆞᆫ 빈 ᄀᆞ을 외ᄂᆞᆫ 아 샹ᄒᆞᆫ라 오ᄅᆞ븐이

양연

셩ᄒᆞᆫ조흔양을도두거온기ᄉᆞᆯ이써큰챌

노ᄂᆞ루ᄂᆞ이드그려녹ᄡᆞᆯ이희졀ᄎᆞ의셔기

룰ᄒᆞᆼᄒᆞᆫ도록셔셔허낫치엿시ᄒᆞᆫ뎡이

되거든셩치ᄉᆞᄒᆞᆼ훙ᄋᆞ나뎡훙이ᄉᆞ셰ᄉᆞᆯ

지홍두드레ᄡᆞ두소쳐로악념ᄎᆞᆺ호ᄒᆞᆯ야

복긴양두드린거ᄉᆞᆯ조ᄒᆞᆫ가힐고소녀허

셕을비레물셜히ᄒᆞᆫ드리희ᄉᆞᆯ사비

동화느름

동화를 ᄒᆞᆫ 치 너희 ᄁᆡ치 버혀 아리게 싸 ᄒᆞ라 기름 친 쟝물 조곰 쳐 ᄇᆞᆨ가 시아 여허 포 잡어 노화 불을 ᄂᆞᆯ이 ᄊᆞᆸ 리ᄅᆞᆫ 즙 ᄲᆞᆯ무 쳐 노코 두에예 기름 친 지져아 성치ᄉᆞ 진계나 환 웃이ᄉᆞ 소흘 잘 두드려 양념 ᄒᆞ야 너허 므무 쎄여 즙만 ᄂᆞ리ᄒᆞ여 언즈면 조흐니라

도ᄡᅵ리ᄂᆞ아ᄡᅵ면 됴코 가리도 욕므게ᄒᆞᆫ
ᄯᅡ약ᄒᆞᆫ이디로ᄒᆞ야 ᄡᅥ면 조ᄒᆞ니라

희ᄉᆞᆫ섭

희ᄉᆞᆷ을 므르게ᄒᆞᆫ 마기룸 ᄌᆡᆼ국쳐를 이ᄅᆞ
ᄅᆞ도록 붓쳐니아 그거든 셰희 식도희ᄉᆞ
버혀 싱치ᄉᆞ나 ᄒᆞᆷ 욱소나 두트려 ᄲᅡᄒᆞᆫ잘
ᄒᆞᆯ여 녀코 ᄯᅳᆷ ᄲᅡᆯ붓칠 그우희 ᄉᆞ좃 무려
지쳐 즙ᄡᅡ나게ᄒᆞ여사 ᄂᆞ니라

ᄒᆞ여 봇ᄀᆞ ᄆᆞ리니 엿ᄉᆞᆺ 돈 소곰 섯거 내면
조코 ᄒᆞ로 ᄒᆞᆫ 주ᄅᆞᆯ ᄒᆞ여 봇거ᄂᆞ ᄒᆞᆫ 기ᄅᆞᆯ 놀
지거ᄂᆞ ᄒᆞ면 ᄆᆞᆺ시 혀ᄂᆞᆯ 니부디 아ᄋᆞ의 국
ᄅᆞᆯ ᄆᆞ ᄒᆞ야 ᄒᆞ여야 조ᄒᆞ니라
려육 황육 가ᄅᆞ ᄡᆞᆫ
ᄉᆞᆫ을 려육을 뎔여 지령 기ᄅᆞᆷ 싱강과
호초ᄭᆞ 놀셔 소곰을 섯거 양푼의 담아
듕탕ᄒᆞ야 늑히도록 ᄊᆞᆯ마 조코 황육

ᄒᆞᆫ 아조 키ᄋᆞ야 여시며 환욱으로 ᄒᆞᆯ 뫼
별노 ᄂᆞ르너 두드려 기름잔 치ᄂᆞᆫ 파 모ᄂᆞᆯ
호초 ᄀᆞᄅᆞ ᄒᆞᆫᄃᆡ 진ᄀᆞᆯ 너코 鷄卵을 두라 ᄒᆞ
지새야 너흐되 소히 조ᄅᆞᆫ 그러히 지ᄂᆞᆫ 떡셔
절듯ᄒᆞᆯ게 너허야 소히 ᄲᅮ드렵ᄂᆞᆫ 지ᄂᆞᆫ가
물노고 ᄡᅡ두외수ᄂᆞᆫ 떡ᄂᆞᆫ 쏘리ᄂᆞᆫ 편ᄂᆞᆫ 뿐
여가 크것기 ᄅᆞᄇᆞᆯ 자근 즁ᄌᆞ로 ᄲᅩ이ᄂᆞᆫ 쵀
세지ᄂᆞᆫ 되 죽을 졔 물이 여ᄋᆞ이 좀기게

나두드려신간파좃츠츠흘ᄂᆞᆫ녀허ᄡᆞᆨ
가씨혐삼을생각ᄉᆞ쇠로두부리를가두
버석기적생련ᄃᆞᆺᄡᅡ흐빗치면ᄡᅡ리곳
구두에례로지령의약념쳐먹으
면ᄡᅡ거절을훈흘츠세절의조흐
나라

붕어찜

붕어찜조흔두리이ᄉᆞ산치ᄒᆞ흔변우활

거루ᄅᆞ눅ᄅᆞ되기ᄯᅡᆫ졀ᄲᅧᆼ긴것ᄭᅡᆺ치ᄒᆞ야즉
ᄅᆞ고이즐봇쳐픗소너허ᄊᆞ되거리ᄲᆞᆯ이
허ᄊᆞ뎐조쿄치소약냠ᄀᆞ로ᄒᆞ야도조로ᄒᆞ니라

밀곳갈연변

밀ᄀᆞᄅᆞ므나ᄀᆞᄂᆞ리ᄒᆞ야ᄃᆞᆰ의알노론ᄌᆞ의
예ᄎᆞᄲᆞᆯ쥭ᄒᆞ야엷게밀어네모ᄲᅡ둣、、며
허소물ᄊᆞᆺ되ᄲᅡᆫ두소갓치너코소ᄀᆞ음은
싱티가조커야와션치ᄲᅵ거든익익은려육이

산약편

生ᄭᅡ 출ᄡᅥᆺ겨 엷게 졀혀 ᄡᆞᆯ되여 셰ᄡᆞᆯ ᄒᆞ여
출ᄉᆞᆫ 그ᄅᆞᆺ와 ᄡᅡᆼ이 되게 ᄒᆡᆺ거 ᄒᆡᆼ ᄡᅡᆫ의 ᄁᆞ라
졀편 ᄒᆡ로 ᄒᆞᆫ 도와 기ᄅᆞᆷ의 지쳐 ᄉᆞᆯ붓쳐 효
호박즈 세ᄡᆞᆯ ᄂᆞᆫ 여므러 쓰라

모ᄆᆞᆫ 연병

목지 ᄋᆞᆷ을ᄀᆞ 조흔 모ᄇᆞᆫ 술을 물의 담가
물으게 ᄲᅮᆺ거든 ᄆᆞ라 체예 둑둑 쳐 가ᄂᆞ리 바득

生더덕去皮搗孔ᄒᆞ야 細切ᄒᆞ야 紙兼
의여허 두고 筆餠ᄲᅡ 粘米ᄀᆞ로 ᄡᆞᆯᄀᆞᆯ
거셜의 ᄲᅡ르ᄂᆞᆫ 숨믄 드르기름의 지져
져온 감의 셜 ᄂᆞᆯ희 사라

蓮子論

白蓮花을 산ᄒᆞ야 알바ᄃᆞ 모ᄅᆞ가ᄉᆞᆨ 허혀 ᄇᆞᆯ
뵈게 ᄒᆞ야 ᄀᆞᆯ로 ! ᄉᆡᆨ거 ᄲᆞᆯ셔 ᄉᆞᆫ의 ᄲᅡ되
허사라

박씨에바둑마더섞그하살라

경단

赤豆무르게삶아粘米갓거든물리워

시걸너보자의솟되清油뿍가두乙粘

米作末ᄒᆞ야熟水의버믈비져舍버시

여속지안녀서健눌위고뒤아敗ᄅᆞ

눌뭇치라

사송편

짐작ᄒᆞ여알마초아ᄡᆞᆯ죽을너모눅게
ᄭᅮᆯ은얇게ᄇᆞᆯ허쳐이버혀지져노라
ᄒᆞᆫ거ᄂᆞᆫ곳은나모안ᄲᅮᆨ의식지트ᄅᆞᆯ펴
근젹으라되예ᄲᅡ다아ᄯᆞᆺ여야조흐니라

잉도편

잉도ᄅᆞᆯ됴히씨셔악게ᄉᆞᆯ마죽갓거든
체예바타잉도ᄅᆞᆯᄲᅮ의ᄭᅮᆯ빌셔되ᄯᅩᆫ
더ᄉᆞᆯ혀긋플갓거든시아셔ᄂᆞᆯ흔ᄒᆞ여

라乙胡椒와 柿子를 갈으면 드무 셋나니
차즐되며 못되기는 젼혀 此족라지ᄂ
기의 잇너니라
둑젼라
豆末을 가는게 되야 此되의 清泔五合라
執水一種子라 몬져 시험ᄒᆞ여 조곰 견되
樹로부븨여 보아 슈이 엿거지면 清이
만ᄒᆞᆷ이오 질근러면 묽이 ᄒᆞᆷ이여 일노

數藥果

眞末을ᄆᆞᆯ이ᄀᆞᄅᆞ一斗ᄲᅢ蜜이淸一斗
二合眞油七合너허合ᄒᆞ며ᄲᅢ蜜이섬
히되이져흐사ᄅᆞᆯᄉᆞᄇᆞᆫ기ᄅᆞᆯ닷ᄃᆞ이ᄇᆞᆯ
ᄀᆞ녀박ᄃᆞᆯ게ᄒᆞ야ᄆᆞᆫᄃᆞ라지ᄌᆞ되블
을너므ᄯᅳᆺ게도말고ᄯᅳ게도말고알마
ᄌᆞ지게지여즙淸을ᄇᆞᄅᆞᆫ후ᄆᆞᆷ이
식거든ᄲᅡ의ᄶᅧ쓰고즙淸을ᄀᆞ득ᄉᆡᆯᄲᅡ

ᄒᆞᄂᆞᆫ 清油七合이 드ᄂᆞᆫ지ᄂᆞ니라
ᄂᆞᆫ 清油二升야 清二升 드ᄂᆞ니라

大藥果

ᄀᆞ로 ᄒᆞᆫ 말의 清一斗 ᄒᆞ고 五升 清油 ᄉᆞᆯ
아ᄋᆞᆺ 드ᄂᆞ니라 둘재 一斗 ᄲᆞᆫ ᄒᆞᆫ
뎌ᄅᆞ면 清二斗 熱水三合 믈ᄅᆞ 지ᄂᆞ
기예도 清油二斗 ᄂᆞ되 ᄒᆞᆫ 흥ᄌᆞ가 ᄆᆞᆯ라
라ᄂᆞ니라

녹두곡 법

菉豆造麴法

菉豆一斗去皮蒸熟 粘米一升

作末同擣作曲如板子大以楮葉

裹之懸于簷 以待自乾 作法

四斗米에 麴二斤

ᄯᅡ 居 뵈

ᄒᆡ ᄆᆡᆨ ᄯᅡ 흔 ᄇᆞᆯ 니 ᄒᆞᆫ 그ᄅᆞ싀 淸 二斤 도

[illegible]靑年閏三月十[illegible]

飮食節造

참고문헌

『계미서(癸未書)』, 찬자 미상, 궁중음식연구원 소장, 1554.

『규곤요람(閨壼要覽)』, 찬자 미상, 고려대학교 중앙도서관 및 연세대학교 중앙도서관 소장, 1896.

『규합총서(閨閤叢書)』, 빙허각 이씨, 1809.

『반찬등속』, 밀양 손씨, 국립민속박물관 소장, 1913.

『부인필지(婦人必知)』, 빙허각 이씨, 1915.

『산가요록(山家要錄)』, 전순의, 1450년경.

『수운잡방(需雲雜方)』, 김유, 1540년경.

『시의전서(是議全書)』, 찬자 미상, 1800년대 말.

『우리나라 만드는 법』, 방신영, 청구문화사, 1952.

『음식디미방(閨壼是議方)』, 장계향, 1670년경.

『음식방문』, 찬자 미상, 1880년경.

『음식법(飮食法)』, 찬자 미상, 1800년대 말.

『음식보(飮食譜)』, 진주 정씨, 1700년대.

『이조궁정요리통고(李朝宮廷料理通攷)』, 한희순 · 황혜성 · 이혜경, 학총사, 1957.

『잡지』, 찬자 미상, 궁중음식연구원 소장, 1721.

『조선무쌍신식요리제법(朝鮮無雙新式料理製法)』, 이용기, 영창서관, 1924.

『주식시의(酒食是儀)』, 연안 이씨, 1800년대 말.

『증보산림경제(增補山林經濟)』, 유중림, 1766.

김유 지음·윤숙경 옮김, 『수운잡방 주찬』, 신광출판사, 1998.

빙허각 이씨 지음·이효지 옮김, 『부인필지』, 교문사, 2010.

빙허각 이씨 지음·정양완 옮김, 『규합총서』, 보진제, 2006.

서유구 지음·이효지 외 옮김, 『임원십육지(林園十六志) 정조지(鼎俎志)』, 교문사, 2007.

유중림 지음·농촌진흥청 옮김, 『증보산림경제』, 수원, 2003.

유중림 지음·이강자 외 옮김, 『증보산림경제 국역』, 신광출판사, 2003.

이용기 지음·옛음식연구회 옮김, 『다시 보고 배우는 조선무쌍신식요리제법』, 궁중음식연구원, 2001.

장계향 지음·황혜성 외 옮김, 『다시 보고 배우는 음식디미방』, 궁중음식연구원, 1999.

전순의 지음·농촌진흥청 농촌자원개발연구소 옮김, 『고농서국역총서 8 산가요록(山家要錄)』, 농촌진흥청, 2004.

전순의 지음·한복려 옮김, 『다시 보고 배우는 산가요록』, 궁중음식연구원, 2007.

정길자 외 공저, 『한국의 전통병과』, 교문사. 2010.

찬자 미상·대전역사박물관 옮김, 『조선 사대부가의 상차림』, 대전역사박물관, 2012.

찬자 미상·박록담 옮김, 『한국의 전통주 주방문 세트』, 바룸, 2015.

찬자 미상·안동시 옮김, 『온주법: 의성 김씨 내앞 종가의 내림 술법』, 안동시, 2012.

찬자 미상·우리음식지킴이회 옮김, 『음식방문』, 교문사, 2014.

찬자 미상·우리음식지킴이회 옮김, 『주방문』, 교문사, 2013.

찬자 미상·윤서석 외 옮김, 『음식법』, 아쉐뜨아인스미디어, 2008.

찬자 미상·이효지 옮김, 『시의전서(우리음식지킴이가 재현한 조선시대 조상의 손맛)』, 신광출판사, 2004.

찬자 미상·한복려 옮김, 『가가호호요리책 잡지』, 나녹출판사, 2016.

찬자 미상·한복려 외 옮김, 『음식방문-음식 만드는 법을 주로 기록한 조선시대 생활백과』, 교문사, 2014.

한복려·한복진·이소영, 『음식고전』, 현암사, 2016.

한복려·박록담·김귀영, 「음식절조(飮食節造)」를 통해 본 조선시대 후기의 음식문화에 대한 고찰, 한국식생활문화학회지 36(1) 1-27, 2021.

음식고전 시리즈

飮食節造 음식절조

초판 1쇄 발행 2021년 5월 15일

지은이 이정룡
편역 한복려, 김귀영, 박록담
펴낸 곳 (재)궁중음식문화재단 선일당
발행인 한복려

편집·제작 책책
디자인 아트퍼블리케이션 디자인 고흐
교정교열 박소영
기물사진 최동혁

출판등록 제2020-000097호
주소 (03051)서울시 종로구 창덕궁 5길 14
문의전화 02) 3673-1122~3

© 궁중음식문화재단, 2021
ISBN 979-11-974437-1-8

*이 책은 저작권법에 따라 보호받는 저작물이므로 무단 전재와 무단 복제를 금지합니다.
책 내용의 전부 또는 일부를 이용하려면 재단법인 궁중음식문화재단의 서면동의를 받아야 합니다.

*책값은 뒤표지에 있습니다. 잘못된 책은 바꾸어 드립니다.

선일당은 (재)궁중음식문화재단에서 운영하는 출판사입니다.
이 책은 궁중음식문화재단의 지원을 받아 제작되었습니다.

궁중음식문화재단宮中飮食文化財團

Korean Royal Cuisine Culture Foundation

한국 전통 식문화의 근간이자 미래의 문화유산이 될 국가무형문화재 제38호 '조선왕조 궁중 음식'의 보존과 계승을 위해 궁중 음식 문화의 연구와 교육을 지원하는 기관입니다. 궁중 음식 문화의 토대를 정립하여 오늘날의 음식 문화에 맞게 보급하고, 국제적 교류와 홍보를 통해 문화 관광과 외식 발전에 기여하고자 문화재청 소관 공익 법인으로 2018년에 설립되었습니다.

궁중음식문화재단은 기존 궁중음식연구원(1971년 설립)의 무형문화재 '조선왕조 궁중 음식' 전수 및 연구를 발판으로 궁중 음식의 기능 전수 및 궁중 음식 문화의 연구·학술 사업, 기능인 장학 제도를 마련하고 있습니다. 조선왕조 궁중 음식을 비롯해 조선시대 음식 문화와 관련한 고전 연구와 고찰을 통하여 한국의 전통 음식 문화를 제대로 알리고자 노력하고 있습니다. 아울러 전통 음식을 만드는 솜씨가 뛰어난 한식 예술 장인을 발굴하고 지정하여, 한국 전통 음식의 맥을 잇고 한식 산업의 발전에 기여하고자 합니다.

한복려

고려대학교 대학원 식품공학과 졸업(농학석사)
명지대학교 대학원 식품영양학과 졸업(이학박사)

국가무형문화재 제38호 '조선왕조궁중음식' 기능보유자이자 사단법인 궁중음식연구원과 공익법인 궁중음식문화재단 이사장이다. 조선왕조 마지막 주방 상궁에게 궁중 음식을 전수받아 사라질 위기에 처했던 한국 음식 문화를 보존하고 전승하는 데 큰 공을 세운 고(故) 황혜성 교수의 장녀이기도 하다. 어릴 때부터 어머니에게 음식을 전수받았고 전통 음식의 학문적 연구와 조리 기능 전수에 정진하고 있다.
2000년부터 국가 주요 행사에서 메뉴를 자문했으며 2004년 MBC 드라마 〈대장금〉에서 궁중 음식 자문과 제작을 맡아 전 세계에 한식을 알리는 중추적 역할을 하기도 했다.
1960년대부터는 국가 전수생으로 궁중 음식을 본격적으로 연구하기 시작했으며, 이후 50여 년간 궁중 음식 전수 교육과 재현, 관련 연구서 저술 등의 활동을 펼치며 한국 음식 문화의 원형을 보존하고 전승하는 데 힘썼다.
저서로는 『조선왕조 궁중음식』『고종 정해년 진찬의궤』『한국인의 장』『우리가 정말 알아야 할 우리 김치 백가지』『쉽게 맛있게 아름답게 만드는 떡』『떡과 과자』『혼례』『다시 보고 배우는 음식디미방』『다시 보고 배우는 산가요록』『잡지』『음식고전』 외에 다수가 있다.

김귀영

한양대학교 대학원 식품영양학과 졸업(이학석사)
세종대학교 대학원 가정학과 조리학전공 졸업(가정학박사)

한국 식문화의 대부인 고 이성우 교수님의 지도로 1977년 한양대학교 식품영양학과 석사과정 중 식생활 문화 연구에 입문하여, 일찍부터 고조리서에 관한 논문을 다수 발표하였다. 1980년에 상주대학교(현 경북대학교 상주캠퍼스) 교수로 부임하여 2018년 8월 정년퇴직하였으며, 경북문화재 전문위원이며, 경북 지역의 종가 음식 문화 조사에 관한 연구를 다수 수행하였다. 현재는 경북대학교 명예교수이며, 재단법인 궁중음식문화재단 학술교수로 궁중 음식과 미발표된 고조리서를 연구하고 논문 발표에 힘쓰고 있다.
대표적인 고조리서에 관한 논문으로 『주방문』『온주법』『음식보』『음식책』『임원십육지』『잡지』『계미서』『음식절조』 등에 관하여 연구 발표하였다. 저서로는 『우리 음식의 맛』『발효식품』 외에 다수가 있다.

박록담

조선대학교 학사 졸업
고려대학교 자연자원대학원 식품공학과 졸업(석사)

전통주 연구가이자 시인이다. 현재 사단법인 한국전통주연구소 소장으로 국내 최초의 전통주 교육기관인 '전통주교육원'을 설립하여 운영하고 있다.
전통주 연구 활동으로 '한국의 전통주와 떡 축제' 추진위원 겸 심사위원, 경기도 '경기명주' 심사위원, 농림부 주최 'BEST 5' 선정 전통주 부문 심사위원, 전통주 표준화 심의위원, G20 정상회의 자문위원을 역임했으며, 2015년 9월 전통주 교육을 통한 전통 양주 기술 보급과 가양주 활성화에 대한 공로를 인정받아 대통령 표창을 수상했다. 숙명여대 전통문화예술대학원 객원교수 및 중요무형문화재 기능보유자 인정심의위원, 서울고멧 전통주자문위원, 우리술훈련교육기관협의회장으로 있다.
전통주 관련 저서로 '한국인의 잔치술', '방향과 청향의 술 上, 下', '효도하는 술', '세월을 담는 술' 등으로 구성된 『한국의 전통주 주방문』(전5권) 세트와, '다시 쓰는 주방문', '양주집'(공저), '전통주 비법 211가지', '버선발로 디딘 누룩'(공저), '꽃으로 빚는 가향주 101가지'(공저)로 구성된 『한국의 전통명주』(전5권) 시리즈 등이 있다.